LA
MÉTAPHYSIQUE

EN PRÉSENCE
DES SCIENCES

ESSAI SUR LA NÉCESSITÉ D'UNE PHILOSOPHIE ᴅAMENTALE

PAR

M. DOMET DE VORGES

> Solus intellectus potest cognoscere veritatem.
> (S Thom. Comment. sur le Perihermenias,
> liv. I, lec 3.)

PARIS

LIBRAIRIE ACADÉMIQUE

DIDIER ET Cⁱᵉ LIBRAIRES-ÉDITEURS

35 QUAI DES AUGUSTINS, 35

LA MÉTAPHYSIQUE

EN PRÉSENCE DES SCIENCES

ABBEVILLE. — IMPRIMERIE BRIEZ, C. PAILLART ET RETAUX.

LA MÉTAPHYSIQUE
EN PRÉSENCE
DES SCIENCES

ESSAI SUR LA NÉCESSITÉ D'UNE PHILOSOPHIE FONDAMENTALE

PAR

M. DOMET DE VORGES

Solus intellectus potest cognoscere veritatem.
(S. Thom. Comment. sur le Perihermenias,
liv. I, leç. 3.)

PARIS
LIBRAIRIE ACADÉMIQUE
DIDIER ET Cie LIBRAIRES-ÉDITEURS
35, QUAI DES AUGUSTINS, 35
—
1875
(Tous droits réservés)

PRÉFACE.

Je ne sais si ce travail obtiendra l'attention de quelques personnes dans le monde philosophique. Je le publie parce qu'il est fondé sur une idée que je crois vraie et utile.

J'ai été amené, il y a plus de vingt ans, par des circonstances qu'il est hors de propos d'expliquer, à examiner les principaux monuments de la philosophie scolastique. Cet examen n'a pas été sans quelque fruit, puisque l'Académie des sciences morales a bien voulu à cette époque m'accorder une mention honorable pour une étude sur la doctrine de saint Thomas d'Aquin. Mais ma position personnelle ne m'a pas permis de m'abstraire complétement du mouvement des idées contemporaines, comme il arrive trop souvent à ceux qui étudient la scolastique, lesquels ont presque toujours en vue de se préparer à la vocation sacerdotale et à l'exposition des dogmes chrétiens. Laïque et vivant dans le monde laïque, j'ai été naturellement conduit à appliquer mes premières études aux idées qui préoccupent la société contemporaine, et il en est résulté pour moi la conviction que la philosophie du moyen âge bien comprise fournit des données tout à fait propres à faciliter la conciliation jugée si difficile aujourd'hui de la science et de la philosophie, de l'expérience et de la raison, de la matière et de l'esprit.

Cette difficulté est, à mon sens, moins dans les choses que dans les tendances de l'esprit moderne. Notre siècle veut des expériences sensibles et il a raison, car l'expérience est notre seul moyen d'acquérir des connaissances vraiment nouvelles. En cela il n'est point en désaccord avec les anciens qui ont toujours reconnu la nécessité de l'expérience. Aristote n'a point formulé sa philosophie avant d'avoir parcouru toutes les expériences possibles à son époque. Et l'on a vu plusieurs scolastiques s'enfoncer dans les ténèbres de l'alchimie et même de la magie pour chercher à surprendre de nouveaux secrets de la nature. On connaissait donc l'importance de l'expérience, mais on ne savait pas expérimenter comme de nos jours.

En compensation on comprenait très-bien

une chose dont les savants ne paraissent guère se rendre compte aujourd'hui, c'est que l'analyse matérielle des faits, si loin qu'on la pousse, ne saurait suffire pour leur intelligence complète. Quand vous aurez décomposé tous les phénomènes du monde dans les actions particulières qui les constituent, vous aurez obtenu un immense progrès au point de vue de l'emploi des forces naturelles et de leur assujétissement à l'empire de l'homme, mais vous n'aurez point encore pénétré le sens intime de l'univers. Pour ceci, il faut une autre analyse qui doit succéder à la première. Les faits les plus élémentaires, indécomposables par l'expérimentation, présentent cependant à l'esprit des aspects différents, des conditions diverses que l'on ne confond pas impunément. La science de cette analyse intellectuelle est à peu près ignorée de nos jours, et c'est faute de la connaître, que beaucoup de personnes qui prétendent constituer une philosophie positive et expérimentale se jettent dans des interprétations matérialistes qui ne sont en réalité que des interprétations superficielles.

Pour remédier à ce désordre, il n'est nécessaire de contester aucun fait, aucune théorie scientifique, ni de se mettre avec la science dans une hostilité qui serait insensée parce qu'elle serait sans succès possible. Il suffit de reconstruire après elle et sur les derniers résultats qu'elle nous présente cette science de l'analyse métaphysique dans laquelle nos pères ont été si éminents et que l'on a trop abandonnée depuis que Descartes a inventé la philosophie facile et populaire. Les scolastiques étaient partis de données dont plusieurs ont été reconnues fausses, il n'en doit pas coûter de les abandonner. Il faut sacrifier également ces argumentations *à priori* par lesquelles ils ont cherché à deviner ce qu'une expérience incomplète ne pouvait leur faire connaître ; mais leur méthode et les principes essentiels de leur métaphysique doivent rester parce qu'ils ne sont après tout que les principes essentiels de la raison humaine.

Appeler l'attention sur le parti que l'on peut tirer de ces principes, montrer aux savants que par ces principes seuls on peut arriver à des affirmations satisfaisantes sur l'origine et les raisons primitives des choses, montrer aux philosophes qu'il y a mieux à faire que de se plaindre des savants positivistes, c'est de leur enlever tout prétexte en présentant eux-mêmes une doctrine fondée sur tous les faits connus aujourd'hui et construite par les procédés dont eux seuls ont l'habitude : voilà quelle est l'idée qui a inspiré cet essai.

Nous serions heureux s'il pouvait suggérer à des hommes plus compétents que nous la pensée de travailler dans cette direction.

LA MÉTAPHYSIQUE

EN PRÉSENCE DES SCIENCES

INTRODUCTION

Je voudrais montrer dans cet essai que la métaphysique ne mérite pas le dédain affecté par un grand nombre de savants; qu'elle est au contraire un complément naturel des sciences physiques ; qu'elle peut profiter de leurs découvertes et empêcher certaines interprétations fausses ; qu'enfin ses procédés sont tout aussi légitimes que les leurs et qu'elle a, à côté d'elles, une place distincte, place qu'on ne saurait laisser vide sans causer une immense lacune dans l'esprit humain.

Cette lacune est reconnue par beaucoup de savants. M. Dubois-Reymond avouait dernièrement dans un congrès de naturalistes allemands que la philosophie naturelle, c'est-à-dire les sciences physiques et mathématiques, ne pouvait expliquer deux choses : l'essence de la matière et de la force, et la présence de l'intelligence dans des êtres corporels [1]. Ces Messieurs connaissent donc la lacune, mais ils s'y résignent et croient trop facilement que les bornes de leurs préoccupations sont les bornes de la pensée même. J'espère montrer que, sur ces questions ignorées par la physique, la métaphysique peut donner des renseignements utiles, et que si elle ne peut non plus pénétrer jusqu'au dernier fond des choses, elle monte bien au delà des faits sensibles, dans une sphère assez élevée pour y trouver le point d'union des divers ordres de vérités qui sont la vie morale et intellectuelle de l'humanité.

Ne croyez pas d'ailleurs que la métaphysique soit, comme le dit M. Littré, une prétendue science des choses inaccessibles [2] ou qu'elle consiste dans ces systèmes hasardés sur l'ensemble du monde, tels qu'on en a imaginé beaucoup au delà du Rhin, depuis un siècle. Le vrai métaphysicien blâme aussi fortement les tentatives insensées des Allemands pour atteindre à la chose en soi, que l'humilité des positivistes qui ne veulent absolument rien voir de ce qui ne tombe pas sous les sens.

---

[1] V. *Revue scientifique*, 10 octobre 1874.
[2] *Vie d'Aug. Comte*, par M. Littré, p. 520.

La métaphysique a été, dès l'origine, parfaitement définie par Aristote, son fondateur, c'est la science des conditions des êtres considérés en tant qu'êtres [1], c'est-à-dire, à part des circonstances particulières qui déterminent leur rôle dans l'univers et qui font l'objet des sciences spéciales. La métaphysique prend les êtres que nous connaissons, elle élimine les divers caractères spécifiques dont elle laisse l'étude aux sciences physiques et psychologiques, elle cherche quelles sont, en dehors de ces caractères, les lois et la constitution intime qui se retrouvent en tous les êtres. Est-ce là s'occuper d'objets inaccessibles ou de données imaginaires? Tout ce travail, à vrai dire, se réduit à distinguer et à définir avec soin les notions que forme en notre esprit la connaissance des êtres : « On n'y fait en réalité autre chose, dit Antoine Arnauld, que de concevoir nettement et distinctement les objets les plus simples : à quoi servent les définitions ; on y joint les rapports les plus faciles à connaître entre ces objets les plus simples : ce qui fait les axiômes [2]. »

Les savants admettent qu'en mathématiques on

---

[1] Ἔστιν ἐπιστήμη τις ἣ θεωρεῖ τὸ ὂν ᾗ ὄν, καὶ τὰ τούτῳ ὑπάρχοντα καθ' αὑτό. (*Métaph.*, l. III, ch. i.)

[2] Ant. Arn. *Des vraies et des fausses idées*, p. 56.

étudie les propriétés de l'étendue en dehors de toute étendue réelle, qu'en algèbre on étudie les propriétés des nombres en dehors de tout nombre précis ; pourquoi n'admettraient-ils pas qu'il y ait une science où l'on s'occupe des propriétés des êtres sans la considération d'aucun être en particulier, ou pensent-ils que ce soit chose peu importante de se bien comprendre soi-même quand on emploie ces mots si familiers et cependant d'une signification si vague pour le vulgaire : matière, force, substance, cause, essence, etc. ?

Il est vrai que les métaphysiciens se sont élevés souvent au-dessus des questions que nous indiquons ; ils ont traité de l'origine de l'âme, de l'existence et des attributs de Dieu. Suarez déclare même que Dieu, l'être infini, est l'objet principal de la métaphysique [1].

Est-ce que Suarez aurait imaginé que Dieu peut être directement accessible à la science? Nullement; il enseignait avec saint Thomas que l'homme ne peut arriver à Dieu, par la raison naturelle, que sous la notion de premier principe [2]. Mais il jugeait que pour définir la nature divine, autant que cela nous est possible, nous n'avons d'autre moyen que

---

[1] Suarez. *Disp. mét.*, disp. I, sec. I.
[2] Hanc scientiam pervenire ad cognitionem Dei sub ratione principii. (Suar. *Disp. mét.*, disp. I, sec. I.)

de lui appliquer les notions que nous possédons sur la constitution commune des êtres, en tant qu'elles peuvent s'appliquer au premier être. La théodicée se trouve ainsi le corollaire naturel des études métaphysiques.

Au reste Suarez déclare lui-même que l'objet direct et adéquat de la métaphysique est l'être réel [1], que cet être a comme tel des propriétés distinctes, sinon en réalité, du moins dans les notions que nous en avons, telles que l'un, le vrai, le bon, etc. [2], et que c'est dans l'étude de ces propriétés de l'être que la métaphysique offre de la manière la plus complète la certitude qui lui est propre [3].

Il importe de relever ici une erreur dans laquelle sont tombés quelques écrivains modernes qui ont voulu traiter les questions métaphysiques. Considérant que la métaphysique, ou comme on dit aussi l'ontologie, sert principalement à débrouiller les notions fondamentales de l'esprit, ils ont voulu y voir une science purement subjective ; ils ont envisagé avant tout ces notions, comme des formes de

---

[1] Ens in quantum est reale est objectum adæquatum hujus scientiæ. (*Id.*, sec. II.)

[2] Ens habet suas proprietates si non re saltem ratione distinctas, ut sunt unum, verum, bonum. (*Id.*, sec. I.)

[3] *Id.*, sec. V.

l'intelligence. Dans cet ordre d idées, Mgr Hugonin intitulait, il y a vingt ans, un important ouvrage : *de l'Ontologie ou des Lois de la pensée.*

Tel n'a pas été le point de vue des grandes écoles de métaphysique; elles ont toujours compris, avec Suarez que nous citions plus haut, que l'objet propre de leurs études était bien la réalité même, quoique nous ne puissions l'atteindre évidemment que par nos perceptions et les traces qu'elles laissent dans notre souvenir. Ainsi dans les mathématiques, bien que le géomètre se représente une figure imaginaire pour faciliter l'examen des théorèmes qu'il étudie, il n'en est pas moins assuré de constater des lois objectives existant réellement, indépendamment de sa pensée et de son imagination.

Cette distinction peut paraître subtile ; elle est en réalité très-importante, car elle apprend à tenir compte de la différence qui existe nécessairement entre le classement des idées dans notre esprit, et l'agencement réel des faits objectifs qu'elles représentent.

Ceci se rapporte d'ailleurs à une manière de voir très-répandue dans la philosophie moderne et qui en est comme le chancre intérieur ; elle consiste à supposer, contrairement à la conscience du genre humain, que les notions fondamentales ne sont qu'une forme imposée par la pensée aux choses. Kant le premier a formulé cette hypothèse d'une manière explicite. Il a créé par là, pour tout philosophe, la nécessité de démontrer l'objectivité de ces notions. C'est ce que nous allons essayer dans une première partie, en tâchant de faire voir qu'elles sont la trace et le résumé d'une expérience primitive et intime contenue dans chaque démarche de notre intelligence.

PREMIÈRE PARTIE

DE L'ORIGINE DES NOTIONS FONDAMENTALES

Par quel égarement de la pensée Kant est-il arrivé à proclamer la subjectivité de l'intelligence? N'est-ce pas une contradiction implicite? La nature de l'intelligence, sa raison d'être, son but, n'est-il pas précisément de connaître un objet? « Comme il est clair que je pense, dit Antoine Arnauld, il est clair aussi que je pense à quelque chose, c'est-à-dire que j'aperçois quelque chose, car la pensée est essentiellement cela [1]. »

Saint Thomas d'Aquin avait remarqué avant lui que l'intelligence connaît sa propre nature et que cette nature est d'agir en conformité avec les

[1] Ant. Arn. *Des vraies et des fausses idées*, p. 9.

choses, d'en être la représentation vivante, c'est-à-dire, dans son langage, de les connaître [1].

Aussi la conscience humaine ne s'y trompe pas en fait, et toutes les fois qu'il s'agit d'un acte direct de perception, vous ne lui persuaderez pas qu'il n'y a là, suivant le langage d'Alexandre Bain, qu'un état de conscience. Elle ne le conçoit que comme un acte de connaissance et il lui est absolument impossible de ne pas y attacher cette valeur.

Mais il arrive qu'après avoir perçu, l'esprit se replie ensuite sur lui-même, et considère ses propres pensées, non plus dans leur action directe et principale, mais dans leur mode d'existence spéciale, en tant que formes intelligibles qui lui appartiennent. C'est alors qu'il classe, unit ou divise les notions perçues, pour sa plus grande commodité. Et puisqu'il ne peut agir efficacement sans le concours des sens suivant la loi de notre nature, de même qu'il n'aurait pu percevoir sans l'assistance de la sensation, de même il ne peut effectuer ce travail intérieur qu'à l'aide de données

---

[1] Quod quidem non potest cognosci, nisi cognita natura ipsius actus, quæ cognosci non potest, nisi cognita natura principii activi, quod est ipse intellectus, in cujus natura est ut rebus conformetur. (*De Verit.*, I, ix.)

sensibles, fournies ordinairement par le langage [1]. Les notions communes recueillies dans l'expérience n'ont donc pour nous d'existence distincte qu'après avoir été abstraites et nommées. Elles préexistaient dans la connaissance concrète, car suivant la doctrine de Leibniz, la connaissance des concrets est toujours antérieure à celle des abstraits [2] ; mais elles préexistaient implicitement, d'une manière qui suffit à fonder une certitude intime, mais qui ne nous permet point de les y discerner immédiatement.

Kant n'a pas assez remarqué que toute l'intelligence n'est pas dans les formules abstraites, qu'avant l'intelligence qui réfléchit et raisonne, il y a l'intelligence qui perçoit. Au lieu de juger que les formes intelligibles ont été tirées des choses, il a cru que nous les imposions aux choses. Dès lors il leur enlevait toute autorité, et la vérité n'était plus pour lui, la conformité de la pensée aux faits, mais seulement la conformité de l'entendement avec ses propres lois générales [3].

Erreur déplorable, préparée, il faut le dire, par le cartésianisme qui avait trop habitué les philo-

---

[1] Nous ne saurions avoir de pensée abstraite qui n'ait besoin de quelque chose de sensible. (Leibniz, *Nouv. ess.*, liv. I, ch. I.)

[2] *Id.*, l. II, ch. XII.

[3] Kant. *Log.*, p. 18. Trad. de M. Tissot.

sophes à ne regarder qu'à l'intérieur, et qui eût été destructive de toute science et de toute certitude, si l'esprit humain pouvait s'empêcher de marcher et de croire à lui-même.

Pour rétablir dans toute leur valeur les notions métaphysiques, il faut donc renouer la chaîne brisée entre la pensée concrète et la pensée abstraite, et montrer comment ces notions ressortent nécessairement de la nature même des objets que nous percevons.

I

OBJETS DE LA CONNAISSANCE CONCRÈTE.

Quels sont les objets qu'atteint notre connaissance directe, ou comme on dit quelquefois, intuitive? Il semble que la réponse à cette question soit facile et qu'il n'y ait qu'à ouvrir les yeux. Eh bien! l'esprit humain est si porté à s'abuser, il sait si mal se rendre compte de ses propres actes, que l'accord est loin d'être complet à ce sujet, je ne dis pas parmi le vulgaire qui suit les simples lumières du sens commun et n'a en vue que l'utilité pratique, mais parmi les hommes qui font profession de rechercher la vérité en elle-même.

Certains philosophes attribuent à notre intelligence une portée de vue dont la plupart des hommes ne se sont jamais doutés, d'autres soutiennent au contraire que nous attribuons à nos perceptions une valeur qu'on ne saurait leur reconnaître. Nous sommes donc obligés, si nous voulons établir les notions métaphysiques sur un fondement certain, de préciser d'abord quelles sont les choses que nous connaissons et dans quelle mesure nous les connaissons.

Trois ordres de réalités sollicitent notre attention : Dieu, l'âme et le monde extérieur. Dieu est atteint, suivant quelques philosophes, par une force d'intuition spéciale, l'âme est connue par la conscience et le monde extérieur par la perception sensible. Il importe d'examiner la valeur et la portée de ces diverses facultés.

II

CONNAISSANCE DE DIEU.

On peut appeler intuition tout acte par lequel l'intelligence prend connaissance d'une réalité. En ce sens, l'intuition se retrouve dans toute connaissance intellectuelle et même en quelque façon dans la perception sensible. Mais certains philosophes admettent un acte spécial d'intuition, qui se cacherait au plus profond de notre intelligence, dont les objets sensibles encombrent le premier plan. Par cet acte nous connaîtrions Dieu, non dans sa personnalité, mais dans quelques caractères essentiels de sa nature. Cette manière de voir offre une solution si commode de la difficulté que nous nous sommes proposée ; dès que l'on atteint à Dieu auteur de toutes choses, il est si facile de trouver en lui toutes les données qui nous sont nécessaires, que l'on conçoit la séduction qu'elle a exercée sur beaucoup d'esprits élevés.

Est-il croyable toutefois que nous ayons de Dieu une intuition si intime, quand nous voyons qu'aucun homme n'arrive en fait à la connaissance de Dieu sans le secours de la tradition ou au moins du raisonnement ? Bien plus, même avec ces secours, plusieurs refusent de confesser son existence. Qu'on ne dise pas qu'ils commettent un mensonge, une négation purement verbale. Telle n'est pas l'opinion de saint Thomas d'Aquin qui reconnaît que l'on peut réellement penser que Dieu n'est pas, et qui rappelle ce mot du psalmiste: « *l'insensé a dit dans son cœur* : *il n'y a pas de Dieu*[1]. »

---

[1] *Somme théol.* I*, 2, 1.

Mais peut-être n'est-ce que le Dieu de la tradition que nierait l'insensé ? Il méconnaîtrait seulement l'identité du Dieu de la religion révélée, avec cette idée d'infini dont son âme porte l'empreinte. Le raisonnement aurait à démontrer cette identité. Quant à l'idée même d'infini, ou d'être pur, les partisans plus ou moins décidés du système de Malebranche ne font aucun doute que ce ne soit une forme spéciale qui nous représente l'essence absolue : « L'être simplement dit, remarque Mgr Hugonin, est conçu comme excluant par la plénitude de son être tout commencement et toute fin dans son existence, tout changement dans son être [1]. » C'est donc bien Dieu lui-même qui nous est présent. Et s'il en était autrement, comment concevrions-nous des choses éternelles, nous qui ne faisons que passer au milieu de choses qui passent ?

La scolastique, qui ne peut être soupçonnée d'hostilité à l'idée de Dieu, n'admet aucune des raisons des ontologistes. Elle enseigne que nous n'avons directement aucune idée vraiment et absolument nécessaire, éternelle ou infinie. Nous verrons ailleurs comment saint Thomas d'Aquin et ses disciples expliquent la formation des idées

[1] *De l'Ontologie ou des Lois de la pensée*, t. II, p. 106.

abstraites qui présentent ce caractère, et quelle différence ils mettent entre l'idée vague d'être indéfini que nous concevons naturellement et qui n'a point de limite parce qu'elle n'est déterminée à aucun mode d'existence, et l'idée d'un être concret renfermant toutes les perfections possibles [1].

Ici nous n'avons point à prendre parti, nous n'avons voulu que nous demander si la supposition d'une intuition de Dieu peut servir de base scientifique aux notions métaphysiques. Nous répondons sans hésiter : non, parce que nous nous appuierions sur une donnée bien plus contestée que la valeur des notions que nous voulons affirmer, et parce que cherchant à convaincre des hommes qui ne veulent croire que ce qu'ils touchent, nous ne saurions leur offrir une hypothèse abstraite qui n'a pas même en sa faveur l'unanimité des docteurs spiritualistes.

III

CONNAISSANCE DE L'AME.

Tout autre sera notre réponse au sujet des connaissances que nous donne la conscience. Ici nous

---

[1] V. le P. Kleutgen. *Philosophie scol. exposée et défendue*, t. III, p. 303.

trouvons un fait qui s'impose à tous : la pensée. Il y a néanmoins débat sur la nature de l'âme ou de la cause qui nous fait penser et sur sa distinction des organes corporels.

Ce débat, que nous apprécierons par la suite, ne serait pas possible si la conscience atteignait notre âme en elle-même et par elle-même. Pourquoi donc beaucoup de philosophes modernes soutiennent-ils plus ou moins explicitement qu'il en est ainsi ? Cette opinion est le fond de la plupart des théories spiritualistes depuis Descartes, et elle est une des principales causes qui ont préparé le divorce si regrettable que l'on remarque aujourd'hui entre la philosophie et les autres sciences.

En effet, ce que nous connaissons de notre âme a un aspect complétement opposé à ce que nous connaissons de la matière. Où est la transition entre ces deux ordres de données ? Si ce que nous connaissons est le fond même de notre âme, comment expliquer la vie et le sentiment dans la matière. Entre l'hypothèse d'une substance qui s'élève et se développe peu à peu, et celle de l'intervention subite d'un être de nature complétement différente, les faits biologiques donnent plus de crédit à la première, et l'on conçoit que des savants, auxquels on n'offre aucun moyen terme, prennent le parti de se dire matérialistes, comme faisait Tyndall, un jour de mauvaise humeur, au sein de l'Association britannique [1].

Ce n'est pas qu'il faille restreindre le domaine de la conscience à de pures modalités; il s'étend évidemment à quelque chose de plus, et je dirais volontiers avec M. Ravaisson que l'âme est en définitive la plus positive des expériences [2]. Mais deux écueils sont à éviter dans cette matière : l'un d'admettre que nous connaissons l'essence même de l'âme, l'autre que nous n'en connaissons que des phénomènes superficiels.

Descartes semble être tombé dans la première méprise; l'école cartésienne a admis d'après lui que l'essence de l'âme nous est connue et n'est autre que la pensée même.

Leibniz répondait avec raison que la pensée est une action et ne saurait être l'essence [3].

Bien auparavant saint Thomas avait déjà examiné la même controverse et il avait conclu que dans aucune créature l'opération ne peut être l'essence. Il remarquait en particulier que l'intelligence n'est déterminée primitivement à aucun acte, mais

---

[1] *Rev. scient.* 1868, n° 7.
[2] *Rapport sur la philos. en Fr.*, p. 82.
[3] *Nouv. essais*, l. II, ch. xix.

qu'elle change à chaque instant de pensée et d'objet ; une telle mobilité est incompatible avec la fixité qui est le caractère propre de l'essence, dont le mode de détermination ne saurait changer qu'avec la nature même du sujet [1].

Nous ajouterons que si la pensée est l'essence de l'âme, l'âme ne saurait avoir d'opération qui ne s'explique par la pensée. Il faut donc lui ôter les fonctions de la vie végétative ou admettre l'hypothèse hasardeuse de Stahl, qu'elle vit, qu'elle respire, qu'elle digère par des actes volontaires et intellectuels.

Au reste, que veut-on dire par ces mots : La pensée est l'essence de l'âme ? Les cartésiens ne peuvent s'être imaginé que l'âme est une pensée quelconque ou une suite de pensées. L'acte de conscience lui-même n'est rien de déterminé que par les actes particuliers qu'il envisage. L'âme n'est donc pas précisément la pensée, mais la capacité de penser. Qu'est-ce à dire, sinon qu'indépendamment de toutes pensées, il faut admettre un fond d'où elles s'élèvent ? Et ce fond n'est conçu par nous que comme une simple capacité. N'est-il donc

---

[1] Intelligere et velle quantum est de se habent se ad omnia et utrumque recipit speciem ab objecto ; esse autem cujuslibet creaturæ est determinatum ad unum secundum genus et speciem. (*Somm. theol.* I*, 54, 2.)

que cela? avons-nous une expérience quelconque de ce qu'est l'âme quand elle ne pense pas? On peut bien affirmer qu'elle est intelligence, mais on ne peut pas affirmer qu'elle ne soit pas encore autre chose. Bien plus, qui dit capacité ne dit rien de présent et d'actuel ; une capacité ne saurait donc comme telle subsister par soi-même. Il faut ou bien qu'elle soit réalisée dans un acte, ou qu'elle s'appuie sur quelque chose d'antérieur. Il faut ou que l'âme pense toujours la même pensée, ce qui est contraire à l'expérience, ou qu'elle consiste dans quelque condition inconnue qui sert de support à la faculté.

Ainsi derrière les pensées il y a un premier fond et ce fond a un mode d'existence propre dont nous n'avons pas l'expérience. Mais prenons garde à l'autre écueil qui serait d'admettre que notre conscience n'atteint rigoureusement qu'au phénomène. Voyez comme les positivistes de toute nuance abusent de cette assertion. Pour eux le moi est une notion artificielle, une abstraction de l'esprit. Nous ne connaissons à les en croire qu'une suite de faits sans autre lien commun que les conditions analogues où ils se présentent. M. Taine a essayé de populariser en France cette manière de voir : « Je suis un dedans, dit-il, qui est capable

de certains événements sous certaines conditions ¹. »
Une série d'événements intérieurs, voilà tout ce
que conçoivent de l'âme ces modernes nominalistes.
Ils ne savent voir que la superficie du phénomène
et ignorent l'art de l'ouvrir pour pénétrer dans son
fond.

Un vrai métaphysicien saura toujours éviter ces
écarts et, suivant la judicieuse remarque de M. Ravaisson, démêler dans le phénomène ce qui est
nous ².

C'est ce qu'avaient fait les philosophes péripatéticiens du moyen âge. Ils enseignaient que nous ne
connaissons notre âme que par ses actes et non par
son essence ³. Mais ils étaient loin de nier que nous
connussions directement son existence. En effet,
d'après la doctrine de Suarez, l'accident et surtout
l'accident propre (on sait qu'il appelait accident ce
que nous appelons propriété) est uni à la substance
d'une véritable unité, et forme avec elle un même
sujet. Celui qui connaît l'accident propre connaît
donc en réalité le sujet lui-même, bien qu'il ne
connaisse pas la nature de ce sujet ⁴. Celui qui

---

¹ *De l'Intellig.*, t. II, p. 190.
² *Rapport sur la philosophie en Fr.*, p. 26.
³ Non ergo per essentiam suam sed per actum suum se cognoscit intellectus noster. (*Somme théol*, I*, 87, 1.)
⁴ Rem per se ac formaliter cognitam esse accidens, rem

connaît la pensée connaît réellement le moi qui en est le principe.

« L'être est présent dans l'acte comme la cause ou le principe dont celui-ci procède [1]. » L'acte n'est en réalité que le sujet lui-même se portant dans une direction déterminée. Nous connaissons donc directement notre âme par sa seule présence dans l'acte [2] ; nous connaissons en nous non-seulement l'activité elle-même, mais le principe de cette activité [3]. Toutefois ce principe n'étant atteint par nous qu'en tant qu'il est engagé dans l'acte qui nous le manifeste et ne se révélant que sous la propriété particulière dont relève cet acte, nous ignorons sa nature propre et nous ne pouvons nous en former une idée que par la méthode discursive, c'est-à-dire par une recherche laborieuse et difficile.

On ne connaît donc l'âme que par son acte, mais ce n'est pas l'acte seulement dans sa forme exté-

---

autem adæquate et quasi materialiter cognitam esse substantiam seu compositum ex substantia et accidente. (*Disp. met.*, disp. XXXVIII, sec. II.)

[1] *Kleut.*, t. I, p. 215.

[2] Ad primam cognitionem de mente habendam sufficit ipsa mentis præsentia quæ est principium actus ex quo mens percipit seipsam, sed ad secundam cognitionem de mente habendam non sufficit ejus præsentia sed requiritur diligens et subtilis inquisitio. (*Somme théol.*, I*, 87, 1.)

[3] *Kleut.*, t. II, p. 184.

rieure et superficielle que l'on connaît. Telle est l'opinion enseignée dans les écoles scolastiques. Leibniz la connaissait et l'avait adoptée. « Dans le temps, disait-il, que la vue et l'ouïe me font connaître quelqu'être corporel hors de moi, je sais d'une manière encore plus certaine qu'il y a au dedans de moi quelqu'être qui voit et qui entend [1]. » Oserais-je ajouter que beaucoup de ceux qui soutiennent l'opinion cartésienne ne l'entendent pas autrement et savent très-bien que nous avons une notion obscure et incomplète de la substance de l'âme en soi [2]; mais ils ont le tort d'employer des expressions prêtant à une interprétation dangereuse.

La théorie que nous exposons n'est après tout qu'une analyse du fait de conscience. L'âme se dit bien à elle-même qu'elle se connaît et qu'elle s'ignore. Elle sait bien que son fond est plein de mystères inexplicables ; elle ignore l'origine de ses facultés, les sources de la mémoire, et souvent jusqu'aux instincts secrets qui la font agir. Toutes ces choses ne paraissent que lorsqu'elles sont traduites par un acte. Mais il n'en est pas moins certain que cet acte ne lui apparaît pas comme un fait suspendu dans

[1] *Nouv. essais*, liv. II, ch. XXIII.
[2] *Maine de Biran*, t. IV, p. 366.

le vide. Si j'ai conscience de voir, est-ce seulement de la couleur perçue que j'ai conscience ? Certainement non ; je sais encore ce que c'est que de voir [1], je suis non moins assuré de savoir que quelqu'un voit [2], et que ce quelqu'un est l'être même qui en a conscience. Ces trois termes : couleur, acte de vision, sujet qui voit, sont absolument inséparables, on ne les perçoit pas l'un sans l'autre, il n'y a pas un acte où trois termes analogues n'apparaissent et l'on ne conçoit même pas un acte où l'un d'eux ferait défaut. Le langage, qui n'est qu'un moule jeté sur nos pensées, rend témoignage à cette intuition primitive et traduit inévitablement toute perception par une proposition où l'on trouve ces trois termes : sujet, verbe, complément.

Mais si nous nous connaissons par nos actes, par quel acte avons-nous commencé à nous connaître ? Personne ne conteste que notre première pensée consciente ait été un acte de perception sensible. La réflexion n'est venue qu'après et la volonté qui suppose la connaissance d'un but n'a pu se manifester qu'en dernier lieu. La perception sensible a donc été le point de départ de toute notre activité intellectuelle, c'est elle qui nous a révélés nous-

---

[1] *Kleut*, t. IV, p. 328.
[2] Ant. Arn. *Des vraies et des fausses idées*, p. 209.

mêmes à nous-mêmes et nous sommes ainsi ramenés naturellement à l'étude de cette faculté.

IV

PERCEPTION SENSIBLE.

La perception sensible est la faculté qui nous met en rapport avec le monde extérieur. Les faits de perception sensible sont parmi les plus familiers ; il n'y en a pas cependant dont l'interprétation soulève plus de difficultés. Ils sont formés d'éléments complexes, intimement liés, mais disparates, et sont encore compliqués par les habitudes qu'engendre l'usage.

Tout acte de perception sensible suppose quatre conditions : une impression produite sur l'organe par une cause étrangère ; une sensation, c'est-à-dire ce fait caractéristique qui nous met en présence d'une couleur, d'un son, d'une odeur, etc. ; un sentiment agréable ou désagréable qui suit la sensation ; enfin une idée, ou plus exactement la perception d'un fait dont on reconnaît la nature et l'existence.

Tantôt le sentiment domine la perception comme dans la douleur, tantôt au contraire la perception nous préoccupe seule, comme dans la vision ; mais à y bien regarder la trace de ces deux éléments se retrouve dans toute sensation humaine. Eu égard à leur prédominance respective, on a divisé quelquefois les sensations en cognitives et en affectives [1].

Les phénomènes affectifs n'ont pas à nous occuper ici, et ce que nous avons à dire de l'impression extérieure se joindra naturellement à l'étude de la sensation.

V

SENSATION.

La sensation, simplement prise, « est une manière d'être du moi et son caractère propre est de n'avoir point d'objet distinct d'elle-même, à moins de la confondre avec la perception qui la suit » [2], mais « sentir est une chose, dit Reid, percevoir l'objet de sa sensation est une autre qui doit être rapportée à une autre faculté » [3].

Qu'est donc la sensation indépendamment de la

---

[1] V. le P. de Decker. *Cours de phil.*, deuxième partie, ch. I, leç. V.
[2] *Idem*.
[3] Cité par Cousin. *Cours de phil.*, t. IV, p. 367.

perception ? Une sorte d'apparence qui se présente à nous et à laquelle nous donnons des noms divers suivant la forme qu'elle revêt et l'organe où elle se manifeste : couleur dans la vue, son dans l'oreille, chaleur ou froid dans le tact. Il y a là un fait distinct de celui de la perception d'une réalité, bien que tous les deux soient intimement connexes. On peut donc le concevoir et l'étudier à part.

Nous n'avons pas à définir les apparences sensibles elles-mêmes. Ce sont des choses simples que la simple vue fait connaître. Mais il est intéressant d'examiner comment elles se produisent.

Toute sensation reconnaît deux causes, une cause externe et une cause interne.

La cause externe est celle qui produit l'impression sur l'organe. La nécessité de cette cause a toujours été reconnue ; aussi est-elle de toute évidence. Il suffit de fermer les yeux pour faire cesser la sensation de lumière ; il suffit de s'éloigner pour ne plus sentir une odeur. Dans la plupart des cas nous pouvons nous soustraire à la sensation ; sa cause, du moins sa cause complète, n'est donc pas en nous. Au contraire, nous ne pouvons la produire à notre gré et par une simple action intérieure, comme nous faisons nos imaginations et nos souvenirs : « Quand j'aperçois un objet rond, dit

M. Cousin, je ne puis expliquer ma perception par la simple activité de mon âme, car si cela était, pourquoi ne puis-je produire ma perception comme je fais ma volition [1]. » Il y a bien aussi, comme nous l'avons indiqué, la cause interne, mais cette cause ne produit que par son union avec l'autre, seule elle est sans détermination, sans impulsion et sans valeur. Je vois et je sais que c'est moi qui fais l'action de voir, mais je sais tout aussi bien que ce n'est pas moi, le moi dont j'ai conscience, qui me détermine à voir telle ou telle chose. Ceci est une autre action qui émane d'une autre sphère où la conscience n'atteint pas. C'est pourquoi Aristote définissait la sensation l'acte commun du senti et du sentant [2], mettant ainsi en évidence le conflit des deux éléments dont elle jaillit.

Mais en quoi consiste l'impression causée ? Autrefois on n'avait sur ce sujet que des idées vagues. L'école péripatéticienne admettait que les objets agissent sur l'organe en y produisant la ressemblance de quelques-unes de leurs propriétés [3]. Cette ressemblance était-elle effective ou simplement intentionnelle ? Les scolastiques paraissent avoir

---

[1] Cité par le P. de Decker. *Log.*, sec. II, leç. VII.
[2] Aristote. *De Anima*, l. III, ch. II.
[3] Similitudo rei recepta in sensu representat rem. (*Comment. de saint Thom. sur le* de Anima, l. II, leç. XII.)

pensé qu'elle n'était qu'intentionnelle en tant que forme produite dans nos organes, mais qu'elle avait pour résultat une ressemblance effective de l'acte de sensation avec l'objet [1].

Cette discussion n'a plus d'intérêt en présence de la lumière que la science moderne a répandue sur la question. Il est démontré aujourd'hui, ce que les scolastiques ne savaient que pour le son seul, que toutes nos sensations sont occasionnées par des mouvements et sont proportionnelles à ces mouvements. De même que la sensation du son résulte d'un mouvement de l'air, de même les sensations de lumière et de chaleur ont pour origine des mouvements moléculaires de la matière. Les nerfs eux-mêmes ne font pas autre chose que de vibrer à l'unisson des mouvements extérieurs, ainsi que le démontrent les belles expériences d'Helmholtz. Toute sensation est arrêtée par une simple compression du nerf qui transmet le mouvement correspondant. La structure et la composition de tous les nerfs est d'ailleurs identique [2] et ils ne diffèrent que par l'organe où ils aboutissent et qui est cons-

---

[1] Species intentionales non representant formaliter objecta sed effective tantum... cum sit solum instrumentum quoddam ad ipsam actualem expressamque similitudinem formandam. (Suarez, *De Anima*, t. III, ch. II.)

[2] V. Claude Bernard. *Rapport sur l'état de la physiologie*.

truit de manière à recevoir une certaine nature de mouvements.

L'impression sur l'organe est donc, d'après la physiologie moderne, un mouvement communiqué et rien autre chose. Ce mouvement est en effet expérimentalement la raison externe suffisante de toutes nos sensations. Leurs différences répondent à des différences de mouvements. Les couleurs varient comme les vitesses des ondes lumineuses [1]. Du moment où il y a mouvement excité, ce mouvement est accompagné de la sensation correspondante, quand même il aurait été provoqué par une toute autre cause que la cause ordinaire. Il y a des cas morbides où l'on voit et où l'on entend, sans objet à voir, sans son à entendre et sans cause autre que l'état même des organes.

Ces faits aujourd'hui vulgaires dans la science ont donné lieu à l'opinion que les sensations sont de purs effets subjectifs et n'ont aucune ressemblance avec les qualités des corps qui les occasionnent. Galilée le premier soutint qu'il n'y a à proprement parler ni couleurs ni odeurs etc., dans la nature [2] mais seulement dans l'être qui les sent. Sa manière de voir a été suivie par les meilleurs

---

[1] V. Cours de M. Jamin. *Rev. scient.*, 1867, n° 31.
[2] V. P. Secchi. *De l'unité des forces physiques*, l. I, ch. VII.

physiologistes : « tant que la lumière et la chaleur, dit M. Claude Bernard, n'ont pas rencontré un sujet qui les perçoive, elles ne sont rigoureusement qu'un mouvement et rien de plus; sans l'apparition d'un être doué de vision et de sensibilité tactile, il n'y aurait ni lumière ni chaleur [1]. »

Cette théorie, bien que contraire à nos croyances instinctives, a été également adoptée par beaucoup de philosophes. « Les sensations, dit Hutcheson, ne sont pas des peintures ou des représentations des qualités externes des objets, ni de l'impression ou changement qui a lieu dans nos organes. Ce sont des signes de nouveaux événements dont l'observation et l'expérience nous enseignent la cause ; ce sont des marques établies par l'auteur de la nature pour nous apprendre quelles choses sont salutaires, innocentes ou nuisibles; ce sont des indications de choses qui pourraient affecter notre état et qui sans cela ne seraient point saisissables. Mais ces marques et ces signes n'ont pas plus de ressemblance avec les objets extérieurs que le bruit du canon ou l'éclat de la foudre avec la détresse d'un navire [2]. »

Maine de Biran a dit de même : « Nos sensations

---

[1] *Rev. scient.*, 1871, n° 45.
[2] Trad. de Cousin. *Cours de phil.*, t. IV, p. 30.

ne peuvent jamais nous faire connaître que ce que nous sentons ; mais elles ne nous apprennent rien sur ce que sont leurs causes [1]. »

Plusieurs scolastiques modernes ont toutefois la prétention de maintenir l'ancienne théorie. Il est prouvé, disent-ils, que la sensation est la conséquence d'un mouvement, mais il n'est pas prouvé que ce mouvement n'occasionne pas précisément la sensation qui représente la qualité corporelle.

Assurément cela n'est pas absolument impossible, mais combien improbable ! Il est une chose prouvée, c'est que la sensation est exclusivement régie par l'état des organes. On peut concevoir à la rigueur que le monde périrait et que nos sensations resteraient les mêmes si une autre cause excitait en nous les mêmes mouvements. Assurément un tel état de choses n'aurait aucune raison suffisante d'exister et vu le caractère et la signification que donne à nos sensations leur enchaînement, il serait un contre-sens inadmissible. Mais il n'est pas contraire aux conditions physiologiques.

Sur quoi dès lors fonder une ressemblance qu'aucun fait scientifique ne suppose, et qui ne serait, si elle est réelle, qu'une circonstance sans

---

[1] T. II, p. 350.

lien nécessaire avec la sensation ? Notre certitude intime ne saurait être préférée ici aux recherches physiques qui ne montrent partout que des mouvements. Dans les choses des sens l'erreur est commune, et notre assurance intérieure n'est pas toujours une garantie.

J'en appellerai à Aristote lui-même qui dit expressément que le sens ne peut se tromper sur son objet propre, la vue par exemple sur la couleur, mais qu'il peut très-bien se tromper sur les circonstances accidentelles, comme celle de savoir quel est le sujet de la couleur [1]. La persuasion intime pourra donc dire infailliblement que le phénomène existe, mais non s'il est interne ou externe, s'il est en nous seulement ou s'il est aussi dans les corps.

Au lieu de combattre une théorie qui devient chaque jour plus probable, j'aime mieux montrer le parti qu'en peut tirer la philosophie spiritualiste pour mieux établir l'activité de la sensation.

Nous avons dit que la sensation ne réclame pas seulement une cause externe, mais aussi une cause interne. Elle est donc vraiment active et si on la dit passive, c'est seulement parce que son action a

---

[1] Circa sensibilia per accidens vel communia decipiuntur sensus, sicut decipitur visus si vult judicare hominem per ipsum quid est coloratum aut ubi sit. (Saint Thom., *Comment. de anima*, l. II, sec. XIII.)

besoin d'être déterminée par une cause étrangère [1]. D'ailleurs toute faculté même passive a une action propre, dit saint Thomas d'Aquin [2]. Aussi l'activité de la sensation a-t-elle été reconnue par les philosophes les plus éminents : « La matière, dit Leibniz, ne saurait produire du plaisir, de la douleur ou du sentiment en nous, c'est l'âme qui se les produit à elle-même [3]. » Reid dit pareillement : « L'esprit est un être vivant et actif de sa nature ; tout ce que nous en savons implique la vie et une énergie spontanée, et la raison qui fait appeler opérations toutes ses manières de penser, c'est que dans toutes ou dans presque toutes, il n'est point passif comme le corps, mais réellement et véritablement actif. »

« A toutes les époques, dans toutes les langues, les différents modes de la pensée ont été exprimés par des mots d'une signification active, tels que regarder, écouter, raisonner, vouloir et autres semblables. Il semble donc que c'est le sentiment naturel du genre humain [4]. » Et ailleurs « quand je

---

[1] Vocat autem sentire passionem, quia actio sensus in patiendo fit. (*Comment. de sensu et sensato*, l. I, sec. II.)

[2] Cujuslibet potentiæ tam activæ quam passivæ est operatio aliqua. (*Q. disp. de vero*, q. 16.)

[3] *Nouv. essais*, l. IV, ch. III.

[4] Trad. de l'abbé Mabire, p. 18.

dis : je vois, j'entends, je touche, je me souviens, cela implique que c'est un seul et même moi qui exécute toutes ces opérations [1]. »

Cette doctrine a cependant été attaquée. Maine de Biran la repousse formellement: « Si l'on m'assure, dit-il dans sa controverse contre Laromiguière, que l'âme agit dans la sensation pour se modifier elle-même, ou qu'il y a dans quelque partie du cerveau quelque ressort qui se débande et réagit sur les impressions sensibles, je répondrai que tout cela est possible, mais qu'en ce cas ni ces ressorts organiques ni l'âme dont on parle comme agissant à mon insu ne sont moi [2]. » Maine de Biran nous paraît avoir confondu ici le sens vulgaire du mot action qui désigne un mouvement, un effort, une volonté, avec l'acceptation métaphysique qui implique toute production de fait.

Mais la physiologie, en montrant que la cause externe n'apporte dans les organes qu'un mouvement, a rendu tout à fait manifeste l'activité et la fécondité de la faculté sensitive elle-même. Si la forme qui caractérise la sensation n'a rien de commun avec le mouvement introduit du dehors, d'où vient-elle ? Jamais mouvement n'a causé par

[1] Trad. de l'abbé Mabire, p. 75.
[2] T. IV, p. 252.

lui-même autre chose qu'un mouvement, c'est-à-dire un changement de situation ou de figure. Si, dans l'être sensible, il provoque un phénomène d'un autre ordre, c'est qu'il y a dans cet être une faculté spéciale dont il détermine l'explosion.

Cette disparité absolue du mouvement et de la sensation qu'il occasionne a été très-nettement signalée par l'illustre physicien Tyndall : « Si notre intelligence, disait-il, et nos sens étaient assez perfectionnés, assez vigoureux, assez illuminés pour permettre de voir et de sentir les molécules mêmes du cerveau, si nous pouvions suivre tous les mouvements, tous les groupements, toutes les décharges électriques de ces molécules si elles existent, si nous connaissions parfaitement tous les états moléculaires répondant à tel état de pensée ou de sentiment, nous serions encore aussi loin que jamais de la solution de ce problème, quel est le lien entre cet état physique et les faits de la conscience ? L'abîme qui existe entre ces deux classes de phénomènes serait toujours intellectuellement infranchissable. Admettons que le sentiment amour par exemple corresponde à un mouvement en spirale dextre des molécules du cerveau, et le sentiment haine à un mouvement en spirale sénestre. Nous saurions donc que quand nous aimons le mouvement se produit dans une direction, et que, quand nous haïssons il se produit dans une autre ; mais le pourquoi resterait toujours sans réponse [1]. »

Ecoutons aussi Gavarret : « Entre ce travail intérieur et l'effet psychique, dit-il, il y a coïncidence constante ; le premier est évidemment une condition du second ; mais quel rapport y a-t-il entre une combustion et une manifestation psychique, quelle commune mesure trouver entre une quantité de chaleur disparue et une pensée émise ou simplement conçue. Tant que cette commune mesure ne sera pas trouvée, nettement démontrée, nous ne nous sentirons pas autorisés à affirmer que le travail cérébral et la manifestation psychique diffèrent seulement par la forme [2]. »

La science n'a-t-elle pas bien mérité du spiritualisme en mettant ainsi dans une pleine évidence la différence de nature de l'impression physiologique et de l'acte de sensation ? Si l'impression n'est qu'un mouvement, comme il est bien certain que la sensation n'est pas un mouvement ni rien qui y ressemble, n'y a-t-il pas là une première indication

---

[1] *Rev. scient.*, 1869, n° 1.
[2] *Phénom. phys. de la vie*, préface.

de l'existence d'une activité essentiellement différente des forces du monde matériel ?

M. Taine s'en tire assez lestement en soutenant qu'il n'y a entre l'impression et la sensation qu'une différence de point de vue [1] ; mais comment une différence de point de vue amènerait-elle une diversité essentielle, si les deux faces du phénomène total n'étaient réellement très dissemblables ou si l'esprit qui le regarde n'y mettait lui-même un phénomène complétement nouveau ?

On peut sans doute constater des lois fixes dans les rapports du mouvement avec la sensation. Ici, comme partout dans la nature, les faits se suivent dans un ordre régulier. Il y a une proportion entre l'acuité des sensations et la force ou la rapidité des mouvements. Les conséquences favorables ou dangereuses du mouvement imprimé dans les organes se traduisent dans le sentiment par du plaisir ou de la douleur. On a même essayé d'indiquer la circonstance précise qui donne naissance à la sensation. C'est, suivant M. Delbœuf, la rupture de l'équilibre dans les organes [2] ; et en effet, quand le mouvement devient uniformément permanent, il cesse d'être senti. Mais qui donnera la raison de

[1] *De l'Intellig.*, t. I, n° 366.
[2] *Rev. scient.*, 1873, n° 3.

cette correspondance de phénomènes disparates ? qui expliquera le rapport entre tel mouvement et le caractère spécifique de telle sensation ? Pourquoi telles vibrations produisent-elles l'impression que nous appelons chaleur, et telles autres celle que nous appelons son ? Pourquoi telle rapidité d'ondulations réveille-t-elle la sensation verte plutôt que la sensation rouge ? Il n'y a pas d'apparence que le mystère puisse être jamais percé. On ne conçoit pas en effet qu'une de ces séries de phénomènes puissent agir par elle-même sur l'autre ou la produire directement ; il ne reste donc qu'à admettre qu'elles sont en relation par la nature du sujet qui subit les premiers et émet les seconds. Or le sujet dans sa nature propre est inaccessible à notre expérience.

VI

PERCEPTION PROPREMENT DITE.

A toute sensation se joint dans l'homme la connaissance d'une réalité. C'est ce fait que nous avons appelé idée ou perception proprement dite. Toutes les fois que nos sens sont émus surgit dans notre esprit le sentiment d'un objet, d'une réalité présente, qui a pour caractère distinctif l'apparence fournie par notre sensation.

La perception est à la fois appréhension et conviction : appréhension en tant qu'elle saisit la notion d'une certaine nature de choses, conviction en tant qu'elle considère cette nature comme réellement subsistante.

Il n'y a pas de perception complète sans conviction, sans cette espèce de jugement implicite qui déclare la réalité de la chose perçue : « Ce qui est certain, dit Reid, c'est que chacune de ces opérations (perception, mémoire, conscience) est accompagnée d'une détermination de l'esprit sur la vérité ou la fausseté d'une telle chose et d'une croyance subséquente. Si cette détermination n'est pas un jugement, c'est une opération de l'esprit qui n'a pas de nom [1]. » Suarez constate aussi cette détermination primitive et il remarque qu'elle forme avec l'appréhension un seul et même acte [2]. En fait l'esprit ne compare pas, ne raisonne pas pour

---

[1] Trad. de l'abbé Mabire. *Essai*, VI, ch. I.

[2] Judicium primo modo non est actus distinctus ab apprehensione; dicitur apprehensio in quantum est quædam tractio rei cognitæ ad potentiam, judicium vero in quantum potentia cognoscendo judicat exercite rem talem esse qualem cognoscit. (Suar. *De Anim.*, t. III, ch. VI.)

prononcer ce premier jugement ; il voit, cela suffit :
« quand la perception commande notre conviction, son autorité est en elle-même [1]. »

C'est en revenant ensuite sur ses actes que l'esprit distingue les simples appréhensions conservées dans la mémoire, de la conviction qui y était jointe lorsqu'il les a primitivement perçues. Erreur donc de dire « que la croyance et la connaissance dérivent du rapprochement et de la comparaison de simples appréhensions, il faut dire plutôt que les simples appréhensions dérivent de l'analyse de nos jugements naturels et primitifs » [2]. Nos perceptions impliquent par elles-mêmes un jugement, c'est une considération qu'il ne faut jamais oublier si l'on veut établir solidement la distinction entre les connaissances concrètes et les simples abstractions.

L'étude de l'objet de notre perception fait mieux comprendre encore la valeur de cette remarque.

Que perçoit l'âme en effet en s'appliquant aux faits sensibles ? sont-ce seulement les apparences que lui fournit la sensation ? Elle perçoit bien d'autres choses encore, suivant saint Thomas d'Aquin [3] ;

---

[1] Reid. Trad. de l'abbé Mabire, p. 91.

[2] Reid. *Recherches sur l'entendement humain*, ch. II, sec. IV.

[3] In re apprehensa per sensum intellectus multa cognoscit quæ sensus percipere non potest sicut rationem mentis et unius, etc. (*Somme théol.*, I*, 78, 4.)

et la conscience, d'accord avec ce grand docteur, nous dit que l'objet ne se manifeste pas à nous seulement sous ces apparences, mais encore sous beaucoup d'autres conditions, savoir l'être, et les rapports qui en dérivent [1]. Nous sommes très-certains de percevoir non-seulement que l'objet a telle ou telle forme, mais aussi et surtout qu'il subsiste. Ainsi l'appréhension est double, nous saisissons dans l'objet et sa forme et son existence, et nous percevons ces deux choses par un seul et même acte et dans un rapport étroit l'une avec l'autre. Il y a donc bien dans ce fait l'équivalent d'un jugement ; le jugement réfléchi et explicite ne fera que reproduire cette synthèse primitive, et son affirmation ne nous paraîtra irréfragable, que parce que nous aurons le sentiment qu'il n'est que l'explication et la décalque du fait même de perception.

Souvent l'on distingue en théorie les deux appréhensions de la forme et de l'existence, et dans ce cas c'est à la première seulement que l'on donne le nom de perception sensible. Nous les réunissons ici toutefois parce que l'une ne va jamais sans l'autre, au moins dans l'âme humaine. On ne pourrait citer un acte de perception complet qui ne fût

---

[1] Oportet quod omnes aliæ conceptiones intellectus accipiantur ex ordine ad ens. (S. Th., *de veritate*, a. 1.)

en même temps l'appréhension de quelque chose de réel en tant que réel. Nous les réunissons aussi pour mieux marquer notre adhésion à la doctrine ancienne d'après laquelle l'être n'est pas une conception existant préalablement dans notre esprit et que nous appliquons ensuite à l'objet sensible, mais une véritable perception, l'appréhension de l'objet même en tant qu'il a ce caractère d'être réalisé.

Cette objectivité de la plus fondamentale des notions est très-fortement marquée par les scolastiques de toutes les époques : « L'intelligence forme ses concepts, dit le P. Kleutgen, en saisissant dans les objets les caractères dont la connaissance lui appartient [1] », et le premier de ces caractères c'est l'être [2], l'être non point vu à part et dans je ne sais quel acte d'intuition idéale, mais dans les choses matérielles elles-mêmes [3], dans la *quiddité* sensible où il est engagé [4]; et c'est parce que tout objet se présente d'abord à nous comme un quel-

---

[1] *Phil. scol. exp. et défend.*, t. I, p. 130.

[2] Intellectus per prius apprehendit ipsum ens. (S. Th. *Somme théol.*, I*, 16, 4.)

[3] Primum objectum intellectus nostri secundum communem statum est ens et verum consideratum in rebus materialibus. (S. Th. *Somme théol.*, I*, 87, 3 ad 1.)

[4] Ens concretum quidditati sensibili. (Cajetan. *Comment. de ente et essentia*, ch. i.)

que chose, comme un être, que l'idée d'être apparaît la première sur l'horizon de l'intelligence [1].

Avant d'avoir vu un être, l'esprit n'avait point l'idée d'être, mais seulement la faculté de la connaître, quand il se trouverait en présence des choses où cette notion est actualisée [2]. Jusque-là il n'était qu'une puissance indéterminée. Or, l'indéterminé ne pouvant entrer en acte comme tel, il fallait qu'une circonstance étrangère vînt lui fournir une détermination [3]. C'est ce que fait l'apparence sensible. Elle fournit à l'intelligence l'occasion de percevoir et d'affirmer l'être ; et de même que dans l'ordre réel, l'être ne saurait subsister sans être l'actualité d'une essence déterminée [4], de même l'acte intellectuel ne saurait se produire sans être l'affirmation d'un objet distinct. Ainsi se complète entre l'acte intellectuel et le fait réel ce parallélisme qui est la condition même de la connaissance [5]. Ainsi se trouve également vrai que dans la pensée il y a un autre élément que l'apparence sensible, et que toutefois, avant la produc

---

[1] De Decker. *Facultés intell.*, ch. I, leç. I.
[2] *Kleut.*, t. I, p. 121.
[3] *Kleut.*, t. I, p. 37.
[4] *Kleut.*, t. IV, p. 371.
[5] Omnis cognitio perficitur secundum similitudinem quæ est inter cognoscens et cognitum. (S. Th. C. gent., 1, 2.)

tion de cette apparence, il n'y avait aucune notion actuellement formée.

Quel est l'objet propre et direct de nos affirmations perceptives?

Puisque l'affirmation est déterminée par la présence d'un phénomène de sensation, il est clair qu'elle s'applique immédiatement à ce phénomène. La perception nous assure qu'il y a certains phénomènes concrets, c'est-à-dire réels, que nous appelons couleurs, odeurs, sons, etc.

Mais l'instinct commun va plus loin ; il veut affirmer l'attribution de ces phénomènes à certains objets qu'il prétend percevoir directement sous ces qualités.

La philosophie scolastique suivait sur ce point le vulgaire ; et comment eût-on fait alors autrement? Elle enseignait que le fait sensible existe en acte de deux façons dans la sensation elle-même et dans l'objet matériel [1], et que nous le connaissons d'abord dans l'objet et ensuite par la conscience dans notre propre sensation. Elle reconnaissait, il est vrai, que nous ne percevons point la

---

[1] Omne enim sensibile dupliciter dicitur esse in actu, uno modo quando actu sentitur, hoc est dum species ejus est in sensu... alio modo prout est in suo subjecto,... sicut color prout est in corpore colorato. (S. Th. *Comment. de an.*, l. II, leç. XVI.)

nature de l'objet même dont le fond intime, la forme substantielle reste[1] inconnue; mais de même qu'elle avait admis que nous connaissons notre âme dans ses actes bien qu'ignorée dans son essence, elle pensait aussi que nous connaissons l'objet corporel en tant que sujet de certaines propriétés, qu'en saisissant par exemple la qualité de blancheur, nous saisissons en elle la substance qui la supporte [2].

Ceci suppose nécessairement que la blancheur que nous connaissons est un état du corps lui-même. Mais la physique moderne ne favorise nullement cette supposition; toutes ses découvertes portent au contraire à induire, ainsi que nous l'avons déjà vu, que la blancheur et les autres apparences analogues sont des formes de la sensibilité elle-même avec lesquelles la propriété correspondante de l'objet n'a aucune ressemblance. Ce que nous connaissons ne serait donc pas un état du corps, mais seulement un effet et même un effet lointain puisqu'il n'est produit que par l'intermédiaire d'un milieu. Le corps serait donc connu comme cause et non comme sujet de la blancheur. La cause n'ayant pas une existence une avec

[1] Formæ substantiales nullo experimento cognosci possunt. (Suar. *Disp met.*, XV, 1.)
[2] Sensus dicitur videre per se albedinem, per accidens autem substantiam. (*Id.*, XXXVIII, 11.)

l'effet, lorsqu'il ne s'agit pas d'un effet immanent, elle ne saurait être comprise dans le même acte de perception. Elle ne pourrait donc être atteinte que par un acte de perception transcendant indépendant des sens, hypothèse peu conciliable avec ce que nous savons de notre nature, ou par un raisonnement déductif.

Les cartésiens opinaient pour un raisonnement et c'est pourquoi ils croyaient nécessaire de démontrer l'existence du monde extérieur. M. Cousin s'est rangé à cette opinion, bien qu'un peu timidement :

« La perception, dit-il, est immédiate en ce sens qu'elle est pure des faux raisonnements qu'on y a mêlés ; mais, à vrai dire, elle n'est pas aussi simple qu'elle le paraît au premier coup d'œil et l'analyse y découvre un raisonnement naturel entièrement différent du raisonnement absurde et scolastique fondé sur la vertu représentative des idées, raisonnement naturel qui n'est pas autre chose que l'application d'une loi, principe de l'esprit humain, agissant dans le phénomène de la perception ; je veux parler de la loi ou principe de causalité [1] »

M. Cousin cherche évidemment à ménager l'opinion d'une aperception immédiate, et il n'a pas tout à fait tort, car même en reconnaissant que la

---

[1] *Cours de phil.*, t. IV, p. 425.

rigueur scientifique veut que l'existence du monde extérieur soit démontrée, on peut très-bien admettre que nous avons une première notion instinctive du monde extérieur indépendamment du raisonnement.

La physiologie a conclu, d'observations suivies avec soin, que les apparences sensibles n'ont d'abord qu'une localisation très-incertaine, ou plutôt qu'elles n'en ont aucune, mais qu'en vertu de l'association des sens nous apprenons progressivement à les placer là où une résistance correspondante se fait sentir. La résistance n'est pas précisément une sensation, c'est un fait d'un caractère négatif, consistant en ce que notre action consciente se trouve arrêtée par un obstacle, mais qui a une signification très-positive, puisqu'il rend particulièrement manifeste l'existence d'une force autre que la force consciente qui est nous-mêmes. La localisation est en même temps une attribution, car la différence des lieux est aussi une différence dans l'ordre des êtres. Quand donc nous rapportons l'apparence sensible au point où se fait la résistance, le sentiment que nous avons de sa réalité la suit, et nous arrivons ainsi à la regarder comme un sujet distinct. Cette opinion n'a qu'une valeur pratique, puisqu'elle n'est fondée que sur une opération de l'instinct, mais elle se trouve presque toujours vraie, lorsqu'on entreprend de la contrôler par le raisonnement.

Tous ceux qui ont fait une étude particulière de cette question, au point de vue physiologique, ont admis que la notion pratique du monde extérieur repose sur une expérience acquise : « La seule expérience, écrivait Descartes, fait que nous jugeons que telles ou telles idées que nous avons présentes à la pensée se rapportent à des choses qui sont hors de nous [1]. »

La même opinion est reproduite aujourd'hui par Helmholtz. « L'accord entre le monde extérieur, dit-il, et les perceptions visuelles repose essentiellement sur la même base que toute notre connaissance du monde réel, c'est-à-dire sur l'expérience constamment vérifiée par des expériences nouvelles, telles que les procurent les mouvements de notre corps », et ailleurs, « il ne resterait aucune explication possible sinon que l'accord entre la sensation et la réalité de l'objet est une chose acquise [2]. »

Cette théorie, si elle arrive à prévaloir universellement, offrirait-elle, comme quelques personnes

[1] *Lettre à Pierre Leroy.*
[2] *Rev. scient.*, 1869, n° 27.

paraissent le craindre, un danger de scepticisme ou d'idéalisme? Je ne puis le croire. La démonstration du monde extérieur par l'idée de cause est très-facile. Imaginer que cette cause n'est pas celle que nous croyons, mais une intelligence qui nous joue par des apparences, c'est faire une supposition tellement chimérique, tellement dénuée de base et de motif, qu'il n'y a pas lieu de s'y arrêter. Le réel n'exclut pas seulement l'impossibilité métaphysique, mais encore l'absence de toute raison suffisante. Le danger véritable serait d'ébranler l'idée de cause ; or, nous avons déjà plus qu'il ne nous faut pour la fonder.

L'objection que nous serions réduits à des connaissances subjectives ne nous arrêtera pas davantage. Le péril du subjectivisme est dans l'opinion que nos pensées sont de pures formes intelligibles qui ne visent par elles-mêmes rien de réel et que nous n'appliquons aux choses que par un aveugle instinct. S'il est bien constaté que l'intelligence est essentiellement la connaissance d'une réalité, la perception d'un fait subsistant indépendamment de ce qu'il est pensé, qu'importe que ce fait se trouve appartenir au même individu qui le connaît. Pour être en moi, le fait n'en a pas moins toutes les qualités d'un fait réel ; je puis tirer de sa nature toutes les conclusions que je puis tirer de la nature de tout autre fait réel. Le moi et le non-moi sont divers sans doute, mais en tant qu'ils sont existants, ils ont tous deux les caractères généraux qu'implique l'existence. Il n'y a donc aucune difficulté de passer de l'un à l'autre, quand on envisage le moi et ses phénomènes comme des faits réels, au lieu de n'y voir que la pensée, en tant que pensée.

VII

ORIGINE DES PREMIÈRES NOTIONS.

Essayons donc de tirer du moi, de ses actes et de ses sensations, puisqu'en définitive ce sont les seules connaissances dont l'immédiateté ne soulève aucune difficulté, essayons, dis-je, d'en tirer les notions métaphysiques. Aussi bien le moi est à tous les points de vue ce que nous connaissons le mieux et le plus profondément. « Notre esprit connaît clairement plus d'attributs et de propriétés de lui-même que de toute autre chose », dit Antoine Arnauld [1] et le P. de Decker fait remarquer qu'au fond de toutes nos idées se trouve en-

[1] *Des vraies et des fausses idées*, p. 281.

gagée celle de nous-mêmes et de nos sensations [1].

Depuis que la question de l'origine des notions supérieures a été posée dans les termes où elle l'est aujourd'hui, tous les philosophes qui leur ont cherché un fondement expérimental se sont adressés à l'expérience intime. « Il n'est pas étonnant, disait Leibniz, qu'ayant conscience de nous-mêmes et trouvant en nous l'être, l'unité, l'action, nous ayons conscience de toutes ces choses [2] », et Reid écrivait à lord Kames : « Il me semble que si je n'avais pas conscience de mon activité personnelle, je ne pourrais jamais me faire l'idée d'un pouvoir actif d'après les choses qui m'environnent [3]. » La scolastique moderne n'aurait pas d'objection à entrer dans cette voie, puisqu'un des plus récents disciples de Suarez a pu dire : « Si l'homme peut et même doit concevoir un être dans ce qui apparaît au dehors, c'est uniquement parce qu'en se connaissant lui-même comme un être, il perçoit non-seulement le fait isolé qu'il est le principe de ses phénomènes, mais encore cette vérité générale que tout fait est la manifestation d'un être [4]. »

[1] *Facul. intellec.*, l. IV, ch. I.
[2] Lettre à Hanschius.
[3] Cousin. *Cours de phil.*, t. IV, p. 344.
[4] Kleut. *Phil. scol. exposée*, t. I, p. 281.

Nous sommes donc en bonne compagnie en cherchant dans le moi et dans les phénomènes dont il est la source ou l'occasion, l'origine des idées si importantes d'être, de cause, de substance et de fin.

Nous avons déjà indiqué l'origine de l'idée d'être. Nous avons vu que tout acte de perception l'implique et que, suivant la doctrine scolastique, elle ne précède pas la perception, mais se forme en elle et par elle. Avant toute perception il n'y a que la puissance de la produire.

A cette théorie qui ne cherche rien en dehors de l'expérience, Rosmini a opposé que la certitude intime présupposait un principe général, le principe de contradiction : « Quand je me dirais à moi-même, je suis certain d'être modifié, de percevoir des sensations par mes sens, ma raison se repliant aussitôt sur cette présomption de certitude me demanderait incontinent : pourquoi es-tu certain de percevoir quelque chose ? et si je répondais : il est impossible que je ne sente pas ce que je sens, elle répliquerait immédiatement voilà un principe universel *à priori*, c'est le principe de contradiction [1]. » Ce raisonnement peut se formuler, mais Rosmini n'a pas remarqué qu'il s'explique suffisamment par l'analyse du fait même de perception.

---

[1] *Nouv. ess.*, sec. IV, ch. II, art. 2.

Si la perception comprend et l'idée d'être et le principe de contradiction qui en dérive, il est très-naturel, qu'en cherchant à nous en rendre compte nous nous trouvions en face de ce principe. L'objection ne porte donc pas.

M. Amédée de Margerie a très-bien expliqué la formation de la notion primitive de l'être : « Si quelqu'un prétend, dit-il, que pour m'apercevoir de mon existence et pour l'exprimer, j'ai besoin de comparer ce que je sens en moi avec l'idée absolue d'être, je réponds qu'il est dupe du langage qui défigure toujours les perceptions concrètes et particulières en les traduisant par quelqu'un des termes généraux dont il est à peu près exclusivement composé, mais qu'en réalité, ni moi, ni personne n'avons conscience d'une telle comparaison, et qu'elle est d'ailleurs inutile pour expliquer la perception d'un fait individuel, tout comme il est inutile et faux de supposer qu'il me faille pour percevoir un objet rouge l'idée de la couleur rouge..... Réunissant ce qu'il y a de semblable entre les existences particulières, j'en fais l'idée pure de l'être, non pas de l'Etre avec une majuscule, de l'Etre synonyme de Dieu, mais de l'être synonyme d'existence [1]. »

---

[1] *Rev. d'écon. chrét.*, 30 avril 1870.

Dans cette dernière distinction se trouve en effet le nœud de la difficulté. Il répugne à beaucoup de personnes que, l'idée d'être, qui leur semble contenir tant de choses, soit tirée de cette simple notion d'actualité qui se trouve au fond de toute perception. Lui prêtant une signification transcendante, elles lui cherchent une origine plus haute par delà les faits, jusqu'en la substance et jusqu'en Dieu. Mais Suarez leur répond que la notion primitive de l'être n'est précisément que cette notion d'existence, de simple réalisation, dont parle M. de Margerie. L'être dans le sens propre du verbe n'a pas d'autre signification que d'exprimer qu'une chose existe [1]. Le cardinal Cajetan observe également que cette notion n'ajoute absolument rien aux choses, sinon d'indiquer qu'elles ont l'existence actuelle [2].

Il est vrai qu'on a pris l'habitude de désigner par le mot être non-seulement la circonstance d'exister, mais la chose même qui est douée de l'existence. De là l'emploi du mot être comme substantif,

[1] Sumpto ente in actu prout est significatum illius vocis in vi participii sumptæ; rationem ejus consistere in hoc quod sit aliquid actu existens. (*Disp. met.*, II, 1.)

[2] Ens est aliquid inventum in omnibus et non est gradus distinctus contra specificos et genericos... Secundum quod quilibet gradus est habens esse nomine entis importatur et ad conceptum entis pertinet. (*Comment. de ente essentia*, I, 2.)

emploi signalé également par Suarez, et qui s'applique directement à l'essence de la chose [1], puis par une conséquence naturelle à l'essence suprême et absolue. Mais Cajetan dit très-justement que ce sens est dérivé du premier [2], et en en faisant usage, il faut bien remarquer qu'il dénomme simplement l'essence et ne la caractérise pas. L'essence reste réellement cachée ; nous la désignons seulement par l'unique circonstance que nous en connaissions, qui est qu'elle existe.

Dites donc si vous le voulez que l'être est le fond de toutes choses, que l'être envisagé en lui-même est pur, absolu, sans limites et autres énonciations semblables; mais prenez garde que vous sortez de l'idée propre et expérimentale du mot être, l'idée d'existence, d'actualité, la seule dont nous ayons une conscience claire, et la seule aussi qui soit indispensable à la spéculation métaphysique.

Aussi, saint Thomas d'Aquin, dont l'instinct logique répugnait aux formules indécises, n'a-t-il jamais

[1] Ens interdum sumitur ut participium verbi sum et ut sic significat actum essendi ut exercitum, estque idem quod existens actu, interdum vero sumitur ut nomen significans de formali essentiam ejus rei quæ habet vel potest habere esse. (*Disp. met.*, II, 4.)

[2] In entis nomine duo aspici possunt, scilicet id a quo nomen entis sumitur, scilicet ipsum esse quo res est, et id ad quod nomen entis impositum est, scilicet id quod est. (*Comment. de ente et essentia*, IV.)

employé l'expression d'être pur ; il préférait donner à Dieu cet autre nom *qui est*, comme à l'essence qui est par elle-même.

Le mot être a encore d'autres sens qu'il ne faut pas confondre. La qualité étant unie au sujet parce qu'elle est réalisée en lui, on s'est servi du verbe être pour désigner ce lien, et l'on a dit l'homme est bon, l'animal est sensible. En outre, la vérité étant la conformité de la pensée à la réalité des choses, le mot être a encore servi à affirmer la vérité. Toutes ces acceptions sont nettement définies par Aristote dans le cinquième livre de la métaphysique [1]. Si M. Cousin s'était rappelé ces distinctions, il n'aurait pas dit sans doute : « Otez la matière, l'homme et Dieu, que reste-t-il, je vous prie, en fait d'être? Une idée générale, purement abstraite, qui ne répond à rien, sinon à une opération particulière de l'esprit de l'homme [2]. » Il aurait compris que le mot être ne désigne cette opération subjective que d'une manière secondaire et dérivée, mais que sa valeur primitive et fondamentale implique tout autre chose, l'aperception.

---

[1] Τὸ ὄν λέγεται τὸ μὲν κατὰ συμβεβηκὸς τὸ δὲ καθ' αὐτό.... Ἔτι τὸ εἶναι σημαίνει τὸ ἔστιν ὅτι ἀληθές, τὸ δὲ μὴ εἶναι ὅτι οὐκ ἀληθές, ἀλλὰ ψεῦδος. (*Métaph.*, l. V, ch. vii.)

[2] *Cours de phil.*, t. IV, p. 46.

dans les faits de la circonstance objective d'être réel.

Après l'idée d'être, la plus fondamentale des notions est sans contredit celle de cause. C'est la recherche de la cause qui nous sort de nous-mêmes, qui nous pousse de phénomènes en phénomènes jusqu'aux propriétés intimes de la substance matérielle, qui nous élève enfin jusqu'à Dieu. On peut dire que, sans l'idée de cause, la science n'existerait pas. Cependant il y a des hommes qui se disent savants et qui attaquent l'idée de cause ; ou plutôt ils la défigurent en prétendant qu'elle n'est que l'idée d'un antécédent invariable [1]. Le sens commun a toujours protesté contre une pareille confusion. Prendre l'antécédent pour la cause fut de tout temps signalé comme un sophisme. L'antécédent ne fait que précéder, la cause explique et produit. Stuart Mill prétend vainement que nous ne connaissons aucune cause dans le sens spiritualiste du mot. Croit-il que les causes physiques elles-mêmes ne soient que de simples antécédents ; elles sont surtout une explication, en ce sens qu'elles ramènent le phénomène particulier à un fait plus général. C'est pour cela seulement qu'elles ont droit

---

[1] Stuart Mill. *Log.*, t. I, p. 341.

à être appelées en quelque manière des causes ; et jamais Newton ou Laplace n'auraient dépensé leur intelligence pour trouver un antécédent qui n'eût pas été une explication. Mais au delà même des faits généraux et des lois, l'esprit a toujours supposé de véritables causes efficientes, qui ne contiennent plus seulement les phénomènes, mais les produisent par leur activité. Comment aurait-il conçu cette idée, s'il n'avait vu quelque part une cause productrice ?

Il l'a vue en effet d'une manière tout intime : « J'agis, dit Reid, et en réfléchissant sur l'acte que je produis, je trouve engagées dans cette action la force, la puissance, la cause [1]. »

Ainsi, le type de la cause est en nous-mêmes ; nous connaissons nos actes, nous savons donc ce que c'est qu'agir. Comment les logiciens positivistes ont-ils méconnu la valeur de cette expérience ? Comment n'ont-ils pas compris qu'un être qui agit et qui a conscience d'agir ne peut ignorer ce que c'est que l'action ?

Deux circonstances ont pu les égarer. L'une est la différence réelle qui existe entre l'activité sentie en nous-mêmes et celle que nous attribuons à la cause. Cette différence consiste en ce que l'acti-

---

[1] V. Cousin. *Cours de phil.*, t. IV, p. 390.

vité intime produit des effets immanents, tandis que la cause, au sens vulgaire, produit un effet extérieur à elle-même. L'effet de l'acte intime est sans doute distinct du sujet [1] ; mais ce n'est pas une distinction physique et qui justifie pleinement cette définition de Suarez : la cause est un principe communiquant la réalité à une autre chose [2]. Aussi appelle-t-on l'action intime, la vie, nom qui ne saurait convenir à la cause extrinsèque.

Mais cette différence est une différence de situation ; en fait la vie et la causalité ont un fond commun, l'efficience. C'est par cet élément que l'esprit passe de l'un à l'autre. Quand il s'est senti agir, il a appris à considérer dans le fait produit l'efficience qui en est l'origine, et toutes les fois qu'il se trouve en face d'un fait isolé, il se porte inévitablement à rechercher le principe d'efficience qu'il ne voit pas. Le fait nu lui apparaît comme quelque chose d'incomplet ; c'est une fraction dont il cherche l'entier [3] ; et le complément inconnu, mais certain, qu'il a besoin de concevoir, il l'appelle la cause.

---

[1] Si aliqua potentia agit in seipsam, agit tamen effectum distinctum a se. (Suar. *Disp. met.*, XVIII, 8.)

[2] Causa est principium per se influens esse in aliud. (*Id.*, XV, 1.)

[3] Rav. *Rapport. sur la phil. en France*, n° 9.

L'autre occasion de méprise tient à la première. Plusieurs philosophes, au lieu de se contenter de l'assertion générale de Reid, ont voulu indiquer une classe particulière d'actions, qui nous donnerait l'idée de cause. Ils se sont naturellement adressés aux actions qui ont le plus de ressemblance avec la causalité extérieure, c'est-à-dire aux actions volontaires. Telle fut l'opinion de Maine de Biran ; il pensait que nous puisons l'idée de la cause dans le pouvoir que nous avons de diriger nos propres mouvements [1]. Mais, répondait très-bien Stapfer, la volition et la motion sont deux faits distincts et dont la liaison est inconnue [2]. « Je veux remuer mon bras, dit M. Francisque Bouillier, je remue en effet le bras, mais ma conscience ne m'apprend en aucune façon comment j'obtiens le mouvement désiré [3]. » M. Taine avait donc quelque raison de dire : « Les philosophes se méprennent quand ils croient découvrir dans la volonté un type de la cause et quand ils déclarent que nous y voyons la force efficiente en acte et en exercice, nous n'apercevons là comme ailleurs que des successions constantes [4]. »

[1] *Maine de Biran*, t. I, p. 294.
[2] *Idem*, p. 363.
[3] *Hist. de la Révol. cartés.*, p. 269.
[4] *De l'Intel.*, t. II, p. 209.

M. Cousin a corrigé la théorie de Maine de Biran. Il a cherché l'idée de cause non plus dans l'efficacité de la volition par rapport à l'effet voulu, mais dans l'acte de volition même : « Dès que la volonté veut, dit-il, la conscience atteint et la volition et le pouvoir qui a produit cette volition ; elle l'atteint, non par l'application du principe de causalité, mais par une aperception immédiate ; la volition n'est pas un effet séparé de sa cause, c'est la cause même opérant, passant à l'acte [1]. » On ne saurait mieux dire ; mais pourquoi tenir à se renfermer dans l'acte de volition ? L'efficience n'est-elle pas aussi manifeste dans toutes les opérations de l'âme ? ou bien voudrait-on confondre l'efficience avec la volonté, théorie vers laquelle M. Ravaisson penche évidemment [2], et qui nous semble empreinte d'un idéalisme excessif.

Nous aimons donc mieux dire avec Reid que toute démarche de l'âme est un modèle d'efficience, car elle est toujours productive d'un fait. L'âme étant une puissance d'où procèdent des actions, nous représente très-bien le caractère essentiel de la cause quand elle réduit sa puissance en

---

[1] *Cours de phil.*, t. IV, p. 546.
[2] *Rapport sur la phil. en Fr.*, p. 254.

acte [1]. Ainsi la notion capitale de l'intelligence se trouve révélée à elle dans son premier mouvement. L'âme a l'idée de cause dès qu'elle regarde en elle-même, sans attendre que les objets extérieurs lui aient suggéré des désirs et des volontés auxquels elle ne pourra apprendre que peu à peu à donner satisfaction [2].

L'idée de substance confine à celle de cause d'après M. Francisque Bouillier : « Si par une abstraction de l'esprit, dit-il, je considère cette force antérieurement à l'acte qu'elle produit, et comme étant une simple puissance de la produire, j'aurai la notion de substance [3]. » C'est en effet en voyant le moi passer aux actes, et persister sous leur variété, que nous avons appris à le distinguer d'avec eux. Mais notre âme n'est pas liée seulement à ces faits parce qu'elle les produit, elle leur est rattachée en outre par l'identité de l'être. Nos pensées ne subsistent pas seulement par nous, mais encore en nous. L'idée de substance est donc comme une abstraction du second degré. Quand on distingue le moi de son acte en tant qu'il le produit, on oppose l'effet à la cause ; quand on cesse de considérer sa

---

[1] Leibn. *Nouveaux ess.*, liv. II, ch. XXII.
[2] Helmholtz. *Rev. sc.*, n° 27, 1869.
[3] *Hist. de la Rev. cart.*, p. 407.

capacité de production pour n'envisager que l'immanence du fait dans le moi, on oppose le phénomène à la substance.

Le moi nous fournit encore la notion de fin, si importante dans l'ordre moral, car nous ne sommes pas seulement des êtres actifs, mais encore des personnes libres ; nous voulons et nous dirigeons nos actions à l'accomplissement de nos volontés, et l'exercice de ce pouvoir appelle notre attention sur une notion nouvelle, la propriété de l'action de pouvoir être appliquée dans une direction spéciale et prédéterminée. C'est cette propriété qui a reçu le nom de finalité. La fin est pour ainsi dire la cause de la cause ; c'est elle qui, en déterminant l'élan indécis de l'activité, lui donne de se mettre en mouvement. La fin le plus souvent n'existe pas encore comme objet distinct et déjà elle agit. Elle réside dans l'intelligence, et veut en sortir pour passer à l'acte. Être connue lui est essentiel ; elle n'appartient qu'à l'être intelligent [1]. Mais tout fait contingent la suppose de près ou de loin ; du moment où il pouvait ne pas être, il n'y avait pas de raison, si ce n'est la fin, qui pût dé-

---

[1] Causa finalis saltem requirit esse in cognitione atque ita fit ut sæpe causet quando non existit, nunquam autem si non sit cognitus. (Suarez. *Disp. mét.*, XXIII, 7.)

terminer la force productrice à s'exercer dans un sens plutôt que dans l'autre. C'est pourquoi l'intelligence est en définitive le principe et la première raison de toutes choses : « Nous ne pouvons, dit Mgr Hugonin, concevoir l'être dépourvu d'intelligence et de volonté ; un tel être serait sans activité et sans vie [1]. »

VIII

UNIVERSALITÉ DES VÉRITÉS PREMIÈRES.

Ici se présentent deux objections spécieuses, venant des camps les plus opposés et qu'il faut absolument écarter pour compléter cette étude.

Les uns nous disent, ce sont les positivistes et leurs adhérents plus ou moins décidés : De quel droit appliquez-vous au dehors des notions que vous avez trouvées en vous-mêmes ? qui vous assure que le monde est fait à votre image ? Sans doute dans l'enfance de l'humanité, à l'âge théologique, « la tendance des hommes est d'assimiler toutes les actions qu'ils aperçoivent dans la nature, à la seule dont ils aient directement connaissance, à leur propre activité volontaire [2] », mais dans

---

[1] *De l'Ontologie ou des Lois de la pensée*, t. II, p. 269.
[2] Stuart Mill. *Aug. Comte et le positivisme*, p. 20.

l'âge de la science positive on ne doit plus céder à un instinct purement arbitraire. Cette tendance doit être rejetée, car rien ne peut la légitimer.

Les ontologistes s'attachent à un autre point de vue. Ils remarquent que nous n'avons puisé que dans des faits contingents et variables, et qu'on ne saurait déduire de tels faits des notions qui ont un caractère de nécessité permanente. « Toute idée, dit Mgr Hugonin, a une réalité objective absolue, nécessaire, indépendante des temps, des lieux et des personnes [1] », et comme le « nécessaire ne se déduit pas du contingent [2] », on doit en conclure que « la vérité, qui est la raison éternelle de Dieu, est le seul objet de nos affirmations dans les axiomes » [3]. « Dites, ajoute l'éminent prélat, que cette réalité est une réalité créée, ces idées s'évanouissent et la vérité absolue nous échappe [4]. »

Nous réunissons ces objections, si opposées qu'elles soient, parce qu'elles appellent la même réponse. En exposant les règles que suit l'esprit humain pour former les notions générales, nous montrerons à la fois comment il atteint à des vérités nécessaires, et dans quelle mesure les faits

---

[1] *De l'Ontologie ou des Lois de la pensée*, t. II, p. 114.
[2] *Id.*, p. 101.
[3] *Id.*, p. 145.
[4] *Id.*, p. 145.

d'expérience intime peuvent légitimement s'appliquer au dehors.

Qu'est-ce qu'une idée générale ? C'est une notion considérée en dehors de sa réalisation dans l'espace et dans le temps. Par là même, suivant la remarque de saint Thomas d'Aquin, on peut la dire éternelle [1], parce qu'elle est considérée comme indifférente à toutes les circonstances de temps. Ce n'est pas l'éternité positive par laquelle Dieu existe tout entier dans chaque instant; c'est une éternité purement négative, qui consiste seulement en ce que le moment de l'application n'influe en rien sur la valeur intrinsèque de l'idée. Les ontologistes n'ont pas assez tenu compte de cette distinction.

L'idée générale est aussi considérée en dehors des circonstances individuantes. La nature nous offre presque toujours des réalisations multiples de la même notion ; c'est un avertissement de distinguer l'essence de la chose d'avec la réalisation individuelle qui la supporte. Pourquoi d'ailleurs ne pourrions-nous pas remarquer dans une chose connue ce qui lui est essentiel, et ce qu'on en peut retrancher sans la dénaturer, sans altérer son essence ? « Je

[1] Universale dicitur esse perpetuum quia abstrahit ab omni tempore. (*Somm. théol.*, 1ᵃ, 16.)

ne vois pas, dit le P. Liberatore, la raison pour laquelle on doit refuser à l'intellect la faculté de découvrir dans la sensation ce qui y est véritablement contenu [1]. » Ce qu'on peut retrancher, ce sont les conditions particulières du fait; ce qu'on ne peut pas diviser, c'est l'essence. « Nous ne trouvons pas autre chose, dit encore le P. Liberatore, dans la formation de l'universel direct, que le sens transmettant à l'esprit un objet concret en un fait simple, et l'esprit découvrant dans ce fait une essence [2]. »

Or, l'essence, comme telle, exprime une véritable nécessité [3], « et le concept n'étant que l'expression de l'essence fait connaître ce qui lui est nécessaire quand elle existe réellement [4]. » En quoi consiste cette nécessité ? précisément en ce que les divers éléments qui composent l'essence ne peuvent être conçus isolés. Il n'y a point de notions absolument simples ; toute idée est au moins compliquée de certains rapports, de divers aspects. L'impossibilité de séparer ces rapports, la certitude qu'ils s'impliquent réciproquement, voilà le fond des vérités générales et nécessaires. « La vérité consiste

---

[1] *Théorie de la connaiss. intell.*, p. 380.
[2] *Id.*, p. 112.
[3] *Id.*, p. 316.
[4] *Kleut.*, t. I, p. 66.

dans l'accord intrinsèque des éléments du concept, elle sera immédiatement évidente si cette connexion se connaît par la seule considération des termes[1]. »

« Les axiomes, dit très-bien Leibniz, sont des propositions nécessaires dont on voit la nécessité dans la convenance immédiate des idées[2]. »

Prenons pour exemple le fait de couleur : nous pouvons très-bien considérer la couleur en elle-même, en dehors du lieu et du temps où elle s'est manifestée, en dehors de l'objet sur lequel elle est apparue, en dehors de la personne qui l'a sentie. Toutes ces circonstances sont pour ainsi dire extrinsèques à l'essence de la couleur. Mais pourrions-nous considérer la couleur comme ne pouvant être vue ? Évidemment ce serait un contre-sens ; la visibilité lui est une condition essentielle. On concevrait à la rigueur qu'elle parvînt aux yeux par un autre moyen que les ondulations de la matière élémentaire ; mais si elle ne pouvait être vue, elle n'existerait pas comme couleur.

Il n'est donc pas exact de dire que le nécessaire ne peut se tirer du contingent. Au contraire, il est certain que dans tout contingent il y a quelqu'élé-

---

[1] *Kleut.*, p. 218.
[2] Leibniz. *Nouv. essais*, l. IV, ch. VII.

ment nécessaire [1]. On ne l'en extrait pas par déduction mais par simple abstraction ; il n'est pas une conséquence du fait, il en fait partie : « l'axiome, dit Leibniz, n'a pas son fondement dans les exemples, mais il y est incorporé [2]. » Cent exemples ne pourraient suffire à donner à une loi un caractère de nécessité métaphysique, car le cent-unième exemple pourrait impliquer des conditions spéciales : un seul exemple suffit à nous enseigner la nécessité de l'axiome, parce que nous y voyons par simple inspection, la connexion nécessaire des éléments que renferme son énoncé.

En ce sens, le particulier contient le général et le contingent contient le nécessaire ; ce qui n'empêche pas qu'à un autre point de vue le général ne comprenne le particulier. Kant faisait allusion à cette dépendance réciproque quand il disait : « le concept inférieur n'est pas contenu dans le supérieur, car il contient plus en soi que le supérieur ; mais il est contenu sous lui [3]. »

Il est vrai que la nécessité, dont nous parlons ici, n'est pas la nécessité absolue de l'être lui-même,

---

[1] Nihil enim est adeo contingens quin in se aliquid necessitatis habeat. (S. Thom. *Somme théol.*, I°, 87, 3.)

[2] *Nouv. essais*, l. IV, ch. XII.

[3] *Log.*, trad. de Tissot.

c'est une simple nécessité de rapports ; elle n'a d'effet pratique que si l'être qui a ces rapports est réalisé. Mais il n'est nullement prouvé que nous ayons connaissance, indépendamment du raisonnement, d'une autre nécessité. Cette opinion est, ainsi que nous l'avons vu ailleurs, une opinion d'école, qu'on a soutenue surtout en vue de faciliter certaines conclusions, mais qu'on n'a jamais pu appuyer sur un fondement expérimental dont nous ayons conscience.

Je n'entends pas contester assurément que cette nécessité conditionnelle que nous atteignons ne soit dans le monde une marque et comme un vestige de son divin auteur. J'admets avec saint Denys l'Aréopagite, que les axiomes et les définitions préexistent en Dieu [1] ; que la puissance par laquelle nous les saisissons est une lumière qui nous rend participants de la puissance par laquelle Dieu lui-même les voit et les déclare [2]. Mais je crois en même temps que notre esprit n'a pas besoin, dans son état présent, d'aller les chercher en Dieu lui-même, et que l'auteur du monde, en réalisant ces définitions et ces nécessités dans les choses,

---

[1] *De Nominib. divin.*, V, 8.
[2] Ab ipso anima humana lumen intellectuale participat. (S. Th. *Somme théol.*, I*, 79, 4.)

nous a donné aussi les moyens de les y discerner.

Il est facile maintenant de comprendre comment nous reconnaissons les choses d'expérience intime qui doivent être appliquées au monde du dehors. Cette application ne se fait pas ou du moins ne doit pas se faire par une assimilation arbitraire qui serait qualifiée avec raison d'anthropomorphisme. En connaissant les faits de notre âme, nous avons acquis la connaissance de certaines natures d'actes avec leurs conditions essentielles et leurs relations nécessaires. Quand donc nous trouvons reproduite ailleurs à l'état d'isolement une de ces conditions, nous y joignons immédiatement les rapports qui nous ont apparu comme liés avec elle, et ceux-là seulement.

Ainsi, nous avons découvert dans nos propres actes le fait d'être, car ils sont. Cet être, réalisation d'une nature spéciale, est évidemment passager et transitoire, mais la propriété d'être prise en elle-même est et ne peut être qu'une opposition au néant : « Après avoir perçu l'être, dit le P. Liberatore, il est impossible que nous n'avisions pas sa répugnance avec le néant [1]. » Partout donc où il y aura de l'être, il y aura opposition au néant, car

[1] Liberatore. *Théorie de la connaiss. intell.*, p. 448.

cette opposition lui est essentielle et les essences, comme telles, sont immuables [1]. Toutes les fois que nous constaterons quelque part la propriété d'être nous serons conduits à déclarer, en vertu de notre expérience primitive et intime, qu'elle est incompatible avec sa négation ; nous aurons l'axiome de contradiction.

De même l'expérience intime de nos actes nous a donné l'idée d'efficience ; nous voyons en nous des faits se produire et recevoir l'existence d'un fond de puissance qui se révèle en eux et par eux. Bornerons-nous cette notion à l'âme seule? Non pas ; dans la vue des phénomènes qui se passent en nous et des actions qui les produisent, nous avons trouvé l'exemple de l'effet et de la cause, et, dans cet exemple, la nécessité du lien qui unit la cause à l'effet [2]. Nous avons vu que l'existence n'est pas inhérente de soi à toutes les essences, et qu'il faut en indiquer une raison. D'où vient-il ? Cette question se pose désormais pour nous à l'égard de tout être et il est évident que l'être ne peut sortir de rien [2]. Par conséquent quand nous serons en présence d'un être et que nous ne trouverons pas en

---

[1] Liberatore. *Th. de la connaiss. intell.*, p. 426.
[2] Kleutg., t. II, p. 47.

lui la réponse à cette question, d'où vient-il ? nous n'hésiterons pas à la chercher ailleurs.

J'admets qu'en cherchant la cause, nous la plaçons souvent trop légèrement dans un fait voisin, ou au contraire que nous attribuons paresseusement à la cause par excellence des faits dont il aurait fallu chercher laborieusement l'origine parmi les causes secondes. Mais ces abus et ces négligences ne sauraient ôter à l'idée de cause son véritable sens et sa légitimité [1]. Les savants et les positivistes qui ont la prétention de proscrire la recherche des causes les recherchent par le fait aussi bien que nous. Que seraient les lois qu'ils établissent sans un moyen d'exécution ? « Il n'est permis de dire, remarque M. W. Carpenter, qu'une loi quelconque règle ou gouverne des phénomènes qu'en admettant que cette loi est l'expression de l'action d'une puissance gouvernante [2]. » L'opinion des positivistes n'a donc de valeur que dans un sens; c'est qu'il faut épuiser toutes les causes accessibles, avant de s'adresser aux causes en dehors de l'expérience ; c'est que celles-ci sont moins une connaissance nouvelle qu'un développement nécessaire de la connaissance déjà acquise, parce

---

[1] Liberat. *Théorie de la conn. intell.*, p. 174.
[2] *Rev. scient.*, 1872, n° 9.

que la pensée ne saurait se contenter d'une notion incomplète et boiteuse et que, pour exprimer le rapport qu'elle saisit, il faut de toute nécessité qu'elle en désigne le terme qui lui reste caché.

M. Ravaisson l'a parfaitement dit : « La raison voit qu'au fond rien ne peut être qui ne soit absolu et parfait [1], » et, « l'âme trouve l'absolu en elle-même [2], » affirmations pleines de vérité, si l'on n'entend point parler d'un absolu ou d'un parfait mystique, mais dire simplement que l'intelligence veut que toute notion soit complète et que si peu qu'elle ait de connaissances, elle les connaît véritablement, c'est-à-dire dans leur réalité positive et essentielle.

IX

CONCLUSION.

Nous en avons assez dit, je crois, pour montrer que les notions métaphysiques ont une origine expérimentale, telle qu'on a le droit de l'exiger de toute notion scientifique, et que cette origine ne nuit ni à leur nécessité, ni à leur universalité.

[1] *Rapport sur la phil. en France*, n° 19.
[2] *Idem.*

Nous n'avons point inventé nos preuves, nous les avons trouvées dans la tradition scientifique des grandes écoles spiritualistes ; mais il était utile de les réunir, parce qu'elles n'ont peut-être jamais été complétement présentées dans leur ensemble, ce qui donne sans doute un prétexte à nos adversaires de paraître les ignorer, et de ne jamais faire allusion dans leurs controverses qu'aux explications défectueuses qu'ont pu développer quelques auteurs récents.

Il faut montrer maintenant l'usage de ces notions, faire voir que la science la plus avancée ne rend nullement leur application inutile; qu'au contraire, les résultats auxquels elles conduisent, loin d'être en opposition avec les données fournies par l'expérience, sont éminemment propres à éclairer sur leur portée.

DEUXIÈME PARTIE

DES CONDITIONS MÉTAPHYSIQUES DE L'ÊTRE.

C'est une entreprise toute moderne que celle de vouloir obliger le genre humain à se renfermer dans les recherches physiques.

Autrefois la métaphysique a voulu tout expliquer ; elle a succombé à cette tâche. Quand les sciences physiques se sont développées, les explications métaphysiques des phénomènes sensibles ont disparu comme les ombres devant la lumière, et la haute philosophie y a trouvé le principe d'un discrédit dont elle n'est pas encore relevée. Mais on tombe dans l'excès opposé, quand on veut supprimer la métaphysique, comme le prétendait David Hume, comme le prétendent encore aujourd'hui MM. Littré, Huxley et beaucoup d'autres.

Il y a des questions que l'homme ne saurait éviter ; si la nature est bien ordonnée, il doit pouvoir y trouver une réponse suffisante. Il y a dans la physique même un dernier fonds, que le physicien se hasarde quelquefois à toucher, mais qui n'est plus de la physique. « Nous ne sommes pas des métaphysiciens, dit M. Clerk Maxwell, mais quand nos travaux journaliers nous entraînent vers les questions qui touchent à la métaphysique nous ne les fuyons pas [1]. » M. Bence Jones dans une lecture faite au collége des médecins de Londres s'exprime dans le même sens : « Je sens, dit-il, toute la témérité qu'il y a de ma part à aborder devant cet auditoire un sujet qui semblera peut-être plutôt du domaine de la métaphysique que de celui de la physique, sujet d'ailleurs trop ardu pour être d'une utilité pratique ; mais si j'accepte ainsi les chances d'un échec, c'est que je suis convaincu que la clarté et l'étendue ou l'obscurité et l'étroitesse de nos idées sur la matière et la force

---

[1] *Revue scientifique*, 1871, n° 10.

doivent rendre bon ou mauvais le fondement de toutes nos connaissances, non-seulement en médecine, mais encore dans toutes les autres sciences [1]. »

En fait on a beau vouloir se concentrer dans les phénomènes, n'affirmer que des phénomènes et des suites de phénomènes, il est impossible de formuler une théorie générale du monde physique, sans qu'elle suppose une opinion métaphysique.

La métaphysique n'est en effet, comme nous l'avons fait déjà remarquer, que l'étude du fond des choses. Comment exprimerez-vous les faits sans trahir une manière de voir quelconque sur l'être qui se manifeste par eux ? Il y a donc une métaphysique de la physique, et ceux qui prétendent ne pas en avoir, en ont une, bien qu'ils n'en aient pas conscience : « Qu'on le sache, dit M. Lévêque, ou qu'on feigne de l'ignorer, la plupart des savants contemporains ont une métaphysique. J'accorde que plusieurs d'entre eux ont une métaphysique tout à fait à leur insu ; mais, volontairement ou non, ils en ont une, et moins ils s'en doutent, plus est frappante l'impossibilité où ils sont de ne pas en avoir [2]. »

Si la métaphysique est inévitable, ne vaut-il donc

---

[1] *Revue scient.*, 1870, n° 1.
[2] *Revue litt.*, 1870, n° 23.

pas mieux y toucher avec conscience et réflexion ? Ne vaut-il pas mieux, suivant le grand principe de la division du travail, qu'il y ait des hommes spéciaux s'occupant de métaphysique, parce que cette étude exige une aptitude particulière et une capacité de méditation que les recherches physiques tendent plutôt à diminuer.

Ces hommes ne devront pas toutefois s'absorber en leur pensée avec une complète indifférence pour tous les progrès des autres sciences. Qu'ils s'en informent au contraire et en tiennent grand compte, qu'ils se fassent de la physique, suivant le conseil de Mayer, une science auxiliaire, et en prennent les conclusions pour base de leurs spéculations [1]. Le métaphysicien n'a pas en effet d'autre point de départ que notre conception expérimentale des choses : il doit donc suivre avec soin les modifications que cette conception peut éprouver. A ce point de vue, il y a beaucoup à faire pour accorder les faits nouveaux avec les anciennes formules métaphysiques ; c'est un vaste champ d'étude : « Si nous pouvions engager, dit M. Janet, soit de jeunes savants, soit de jeunes philosophes, à nous suivre dans cette voie, et à compléter et à préciser ce que nous n'indiquons ici qu'imparfaitement, nous au-

---

[1] *Revue scient.*, 1870, n° 8.

rions peut-être rendu quelque service soit à la philosophie, soit à la science [1]. »

Oui, à la science elle-même, car les physiciens sont trop absorbés dans les travaux du laboratoire pour se rendre compte à tous égards des théories qu'ils émettent. Il leur suffit qu'elles résument exactement les faits connus. Cela suffirait assurément, si on ne se laissait jamais aller à regarder les notions ainsi formées, telles que l'attraction, la pesanteur ou l'inertie, comme l'expression de modes primordiaux et essentiels de la matière. Mais, puisqu'il est presque impossible de se soustraire à cette tendance contre laquelle protestait en vain Newton [2], n'est-il pas utile que les dernières données de la physique soient aussi examinées à ce point de vue, afin que l'on puisse apprécier la distance qui peut les séparer encore de la réalité intime et essentielle des choses.

Sans approfondir ici ce sujet de controverse, nous chercherons à montrer quelles sont les questions générales qui restent encore à résoudre après les hypothèses physiques les plus profondes et les plus hardies, de quelle manière ces questions doivent être traitées et quelle utilité on peut es-

---

[1] V. Janet. *Matérialisme contemporain*, préface.
[2] *Ibid.* p. 63.

pérer de leur solution pour concilier les diverses branches du savoir. Les sciences physiques tendant à ramener toutes les modifications de ce monde à une somme constante de forces dans une somme également constante de matière [1], nous étudierons successivement ces deux termes, que la science expérimentale nomme sans les atteindre en eux-mêmes, et nous commencerons par la notion de force qui est la plus accessible et que les renseignements fournis par l'observation éclairent le plus directement.

I

DU MOT FORCE.

M. Émile Beaussire, dans un article plein d'idées fines et justes, faisait remarquer que la définition de l'idée de force est le nœud de la controverse engagée entre les spiritualistes et les matérialistes. « Les spiritualistes, disait-il, expliquent la conscience et la liberté par des forces simples et indivisibles, suivant le matérialiste toutes les forces sont homogènes et la vie intellectuelle n'est que le dernier

---

[1] Dubois-Raymond. *Rev. scient.*, 1874, n° 15.

résultat de leurs transformations successives. L'abîme subsiste; mais que faudrait-il pour le combler ? Une définition exacte et rigoureuse de cette idée encore si obscure et si confuse de la force [1]. »

Avant de parler de forces, il faut donc préciser le sens de ce mot, chose d'autant plus difficile, que les physiciens eux-mêmes, qui l'ont employé les premiers, ne lui donnent pas tous la même valeur.

La définition de Faraday est la plus ancienne et aussi, à notre sens, la meilleure. « J'entends par le mot force, disait-il, la source ou les sources de toutes les actions possibles des atomes ou des substances de l'univers[2]. » Cette définition rapproche l'idée de force de celle de cause ; mais comme on peut appeler cause, soit la substance même qui produit une action, soit la propriété par laquelle elle la produit, Faraday n'explique pas assez nettement à laquelle de ces deux acceptions doit être appliqué le mot force. Quelques physiciens semblent même regarder la force comme une existence distincte. Ainsi l'entendrait le savant médecin allemand Mayer, un des inventeurs de la théorie mécanique de la chaleur : « Le physicien français,

---

[1] *Revue litt.*, 1868, n° 15.
[2] V. Bence Jones. *Rev. scient.*, 1870, n° 1.

Adolphe Hirn, dit-il, admet la conclusion, suivant moi aussi belle que vraie, à savoir qu'il y a trois catégories d'existence : 1º la matière ; 2º la force ; 3º l'âme ou le principe spirituel [1]. » Mais la plupart des savants me paraissent considérer, et à bon droit, la force qui se manifeste dans les corps comme un attribut de la matière. « Puisqu'en bonne logique, dit M. Gubler, il faut éviter de multiplier les êtres de raison, on peut s'en tenir provisoirement à la conception de force attribut [2]. » Bence Jones se place évidemment au même point de vue quand il déclare « qu'il n'est pas possible de donner une définition de la matière qui ne soit en même temps une définition de la force [3]. » Grove dit enfin : « J'emploierai le mot force comme exprimant le principe actif inséparable de la matière qui est supposé amener les divers changements qu'elle subit [4]. »

Il est à remarquer que ce sont surtout des médecins qui abondent dans ce sens. Mais les physiciens se sont aperçus depuis quelque temps que les diverses manifestations dont le monde matériel est le théâtre pouvaient se ramener à un seul ordre

---

[1] *Revue scientifique*, 1870, nº 8.
[2] *Id.*, 1869, nº 19.
[3] *Id.*, 1870, nº 7.
[4] Grove. *Corrélation des forces physiques* (trad. de l'abbé Moigno). Introduction.

de faits : le mouvement. Cette transformation de la physique n'est pas encore complétement achevée et Grove remarque qu'il serait prématuré d'affirmer dès aujourd'hui l'identité de toutes les forces avec le mouvement [1]. Elle est assez avancée cependant pour que Helmholtz, plus hardi, n'ait pas craint de dire : « Il n'y a de changements possibles dans la nature que la distribution et l'arrangement divers des éléments dans l'espace, ce qui revient à un mouvement [2]. » On est donc conduit à supprimer tant de propriétés hypothétiques dont le nombre égalait autrefois celui des manifestations diverses de la matière. Il ne resterait que celles qui produisent le mouvement ou qui y résistent.

Ces propriétés sont aussi les seules auxquelles Grove applique le nom de forces dans son sens le plus précis [3]. Mais la plupart des physiciens, entraînés par d'anciennes habitudes, ont continué à donner le nom de force au principe immédiat dans lequel tous les autres phénomènes paraissent devoir se résoudre, c'est-à-dire au mouvement lui-même.

[1] *Corrélat. des forces physiques.* Introd.
[2] *Revue scientif.*, 1870, n° 6.
[3] *Corrélat. des forces physiques.* Introd.

Le mouvement est bien, en effet, une source de manifestations [1], comme le remarque le P. Secchi, mais il ne l'est pas à la manière d'une cause qui produit par son efficacité ; il engendre les phénomènes parce qu'il les constitue et qu'on peut les décomposer en des formes de mouvement. Aussi Helmholtz a-t-il donné dans ce sens une définition toute nouvelle du mot force : « Les lois, les idées générales, dit-il, sous lesquelles se rangent les phénomènes portent le nom de causes, quand on reconnaît qu'elles sont l'expression d'une puissance réelle objective ; elles portent le nom de force, quand on a réussi à ramener le résultat total aux actions particulières [2]. » Assurément chaque science a le droit de définir les termes qu'elle emploie ; mais n'y a-t-il pas d'inconvénient à adopter une acception si éloignée du sens primitif et vulgaire du mot force ? D'ailleurs l'acception ancienne n'est pas complétement abandonnée, et les physiciens passent souvent de l'une à l'autre, sans prendre la peine, comme M. Casin a soin de le faire [3], de prévenir le lecteur. Que de méprises occasionnent des formules auxquelles le mot force

---

[1] *De l'unité des forces physiques*, l. IV, ch. i.
[2] *Rev. scient.*, 1870, n° 6.
[3] *Id.*, 1868, n° 41.

semble prêter une portée transcendante, et qui n'eussent donné lieu à aucune illusion, si on y eût substitué le mot plus pratique de mouvement.

Mais ce n'est pas tout : la confusion s'est encore accrue par suite de l'invasion dans la physique des théories mécaniques, à propos de la chaleur.

La mécanique n'a pas à envisager la cause du mouvement [1], mais seulement à calculer la quantité d'effet qu'il est possible d'obtenir dans une circonstance donnée. Cette possibilité dans un mobile en mouvement s'évalue en multipliant le produit de la masse par la vitesse. C'est ce produit que les mécaniciens appellent force ou plus exactement mesure de la force [2].

L'effet obtenu s'appelle travail. Pour évaluer le travail on multiplie la quantité dite mesure de la force par l'espace parcouru.

Quand un travail est obtenu sous l'influence d'une force accélératrice, la vitesse, développée en vertu de la loi d'inertie, reste à chaque instant capable de donner un travail égal à celui déjà fait. Cette capacité s'exprime par la moitié du produit de la masse multipliant le carré de la vitesse, pro-

---

[1] Henri Sainte-Claire Deville. *Rev. scient.*, 1868, n° 6.
[2] *Ibid.* n° 6. P. Carbonelle. *Études relig.* Août 1869.

duit qui a reçu un nom spécial, celui de force vive.

Le travail est négatif ou positif, selon qu'il éloigne le mobile de la position d'équilibre stable ou qu'il l'en rapproche. Lorsqu'un mobile a exécuté un travail négatif, c'est-à-dire lorsqu'il a été éloigné de sa position d'équilibre, il possède la faculté de revenir à l'état antérieur. Ainsi un poids élevé à la hauteur d'un étage possède la faculté de tomber de cette hauteur. Le nombre qui représente le travail à faire pour revenir à la position d'équilibre stable est appelé énergie potentielle. Si une partie de ce travail est réalisée, la puissance acquise par suite de la vitesse développée et qui est égale, comme nous l'avons vu, à la moitié du produit dit force vive, prend le nom d'énergie actuelle. Le calcul démontre et l'expérience confirme que dans toute position donnée d'un système, la somme des deux énergies reste constante, pourvu qu'il n'intervienne aucune force extérieure [1]. Cette dernière conclusion a reçu le nom de principe de la conservation de la force, ou principe de la conservation de l'énergie.

Les physiciens ayant constaté que la plupart des

[1] V. H. Sainte-Claire Deville et le P. Carbonelle (*locis citatis*).

phénomènes du monde des corps se résolvent en des transformations équivalentes de chaleur en mouvement, et de mouvement en chaleur, ont voulu considérer le monde comme une vaste machine et lui appliquer le principe de la conservation de la force. Mais combien il est délicat de transporter dans une science les formules créées pour une autre. En mécanique, les expressions de force ou d'énergie expriment des calculs ; en physique, on les a trop souvent employées ou paru les employer comme s'il s'agissait de choses. On nous a parlé de forces qui voyagent ou se métamorphosent. On nous a assuré qu'il y a une force unique qui anime le monde et qui sans jamais périr se transforme toujours [1]. Qu'est-ce à dire ? Si la force est une propriété, je sais bien qu'elle ne périt pas plus que la matière qui la supporte, mais je sais aussi qu'elle ne saurait se transformer ni passer de corps en corps. Si par force on entend le mouvement, le mouvement se transforme, il est vrai, mais on ne saurait affirmer que la quantité de mouvement actuel ne varie jamais. La théorie mécanique n'exige rien de tel, mais seulement que le mouvement disparu se retrouve en tension. Aussi Leibniz obser-

[1] V. Janet. *Matérialisme contemp.*, p. 22.

vait-il qu'il y a toujours dans le monde la même quantité de force, mais non de mouvement [1]. Si, enfin, par force on entend l'énergie, il ne faut plus parler d'une cause existante, ni d'une réalité quelconque. Oui, l'énergie est constante tout en se transformant tour à tour d'actuelle en potentielle et réciproquement. Mais l'énergie ne désigne par elle-même rien de subsistant. C'est un chiffre, expression d'une puissance de travail, et qui n'indique rien sur les causes de cette puissance : « Il doit être absolument interdit, dit M. Sainte-Claire Deville, de se servir de ce mot, en lui attribuant cette acception vague qui fait de l'énergie un synonyme de force ou de puissance, sans définir exactement le travail auquel il se rapporte [2]. »

Ainsi l'expression citée se réfère à la fois à trois acceptions distinctes du mot force et ne répond exactement à aucune. Le P. Secchi remarque avec beaucoup de raison qu'on ne doit considérer les énonciations analogues que comme des abréviations du discours, et il explique très-bien le seul sens où il soit possible de les entendre : « La molécule de charbon, dit-il, faisant allusion à un exemple souvent cité de la transformation de la

[1] *Théodicée*, part. 3, n° 345.
[2] *Revue scient.*, 1868, n° 6.

force, n'a pas en soi toute la force vive dépensée pour la mettre en liberté, pas plus qu'une pierre élevée au-dessus du sol ne renferme une quantité de mouvement ou de force vive égale à celle qui l'a élevée à la hauteur où elle se trouve, mais de même que la pierre en tombant sur la terre reproduit, sous forme de chaleur, ou de toute autre force, la force vive qui l'en avait séparée, de même quand la molécule de charbon jadis arrachée à la combinaison se précipite de nouveau vers l'oxygène, elle restitue la force vive qui fournie par le soleil et nos fourneaux avait opéré son isolement [1]. »

On voit combien il serait important pour que les conclusions des sciences physiques pussent s'apprécier avec netteté que les savants s'entendissent pour l'adoption d'une définition claire et uniforme du mot force.

Quant aux philosophes qui ont emprunté cette expression aux sciences naturelles, ils lui ont conservé sa première acception, celle de principe d'action ou d'efficacité. Ils l'ont généralement employée pour désigner tant les êtres actifs que les propriétés dont ces êtres sont doués. M. Lévêque, dans une leçon récente sur les rapports de la science et de la philosophie, ne distinguait point

---

[1] *De l'unité des forces physiques.* L. IV, ch. I.

ces deux acceptions [1], Leibniz se bornait à les indiquer par des adjectifs : « on peut concevoir, disait-il, que l'âme est une force primitive qui est modifiée et variée par des forces dérivatives ou qualités [2]. »

M. Janet blâme l'introduction du mot force dans la philosophie. Il fait observer que ce mot représente plus particulièrement un pouvoir matériel et que dans l'ordre des choses de l'esprit le terme de cause suffit [3]. J'avoue que le mot force indique plus spécialement l'effort, la lutte, caractère propre aux actions matérielles par lesquelles les corps réagissent perpétuellement les uns sur les autres. Par là même, il marque plus énergiquement la réalité vivante et active et c'est pourquoi la philosophie s'en est emparée. N'aurions-nous pas l'air en y renonçant de nous réfugier dans des abstractions ? Nous le ferions d'ailleurs que les physiciens n'en auraient pas plus la liberté de le consacrer exclusivement au mouvement ; car il est plusieurs sciences naturelles, notamment la biologie, où, quoi que l'on puisse dire, l'expression de force attribut reste encore indispensable.

[1] *Rev. litt.*, 1870, n°ˢ 23 et 30.
[2] *Théodicée*, art. 1, n° 86.
[3] *Revue des Deux-Mondes*, 1ᵉʳ mai 1874.

Il peut être d'ailleurs utile en métaphysique d'avoir une expression spéciale pour les propriétés actives des êtres, autre que celle de faculté qui ne s'applique qu'aux activités intellectuelles. Ces propriétés, bien que fondées sur la substance, peuvent, dans beaucoup de cas, être envisagées à part. Les scolastiques les appelaient des causes prochaines ou cause sinstrumentales [1]. On pourrait donc, ce me semble, consacrer particulièrement le terme de cause à la cause principale ou substance active, et attribuer le terme de force à la propriété par laquelle elle agit. Dans le cours de notre travail, nous nous attacherons à cette dernière acception.

II

MULTIPLICITÉ DES FORCES.

Si l'on appelle forces, en général, les propriétés actives des êtres, peut-il être question de l'unité de la force, ce point d'appui du matérialisme contemporain ? Évidemment non. La diversité des

---

[1] Suarez. *Disp. métaph.*, disp. XVIII, sec. VI.

propriétés saute aux yeux d'abord. Je sais bien que les matérialistes se flattent de ramener toutes ces propriétés à des mouvements. Mais la vraie science est beaucoup moins avancée ; c'est à peine, nous l'avons vu, si elle ose affirmer cette transformation pour les phénomènes physiques. Nous démontrerons bientôt qu'en dehors de la physique, la plupart des faits sont absolument réfractaires à une conversion en mouvements.

Réduisez d'ailleurs tout à des mouvements, aurez-vous établi dans l'univers cette unité absolue que vous cherchez et qui permettrait, croyez-vous, de penser qu'il existe éternellement par lui-même ? nullement. Le mouvement, comme tout autre fait, suppose quelque principe antérieur qui le produit, et nous montrerons même, dans un instant, qu'il suppose plusieurs principes. Tout fût-il donc réellement mouvement, que l'univers résulterait encore du balancement de plusieurs forces distinctes dont il resterait à expliquer l'origine et l'harmonie.

Mais, diront certains esprits prétendus positifs, ces forces supposées sont absolument en dehors de l'expérience, à quoi dès lors sert-il de les considérer ? Aurez-vous, en y recourant, constaté un fait nouveau, expliqué un fait connu ? Pourrez-vous même dire exactement la nature de ces propriétés inaccessibles à l'observation ? non assurément ; le rôle de la métaphysique n'est pas d'agrandir le champ de l'expérience. Mais puisque nous avons reconnu l'impossibilité de faire la théorie d'un phénomène, sans émettre en même temps une opinion sur l'être ou la cause qu'il manifeste, puisque l'idée de force ou d'efficience est une de ces notions élémentaires dont la pensée ne peut se passer[1], n'est-il pas indispensable de savoir si nous nous formons une juste idée de ces êtres et de cette force ? La grande erreur du matérialisme est de considérer les faits physiques comme le dernier fond des choses. Montrons que cela ne peut être, que tout fait bien compris suppose derrière lui un élément plus intime et plus caché. Nous n'admettons pas l'assertion de M. Huxley que ce sont des choses dont nous ne savons rien et dont nous ne pouvons rien savoir [2]. Nous en savons ce que les phénomènes nous en disent, ce qu'ils supposent pour ne pas être inconcevables. Tandis que le physicien analyse le fait matériel pour le ramener à des faits plus généraux, le métaphysicien analyse la notion recueillie dans la connaissance du fait pour y dé-

[1] W. Carpenter. *Rev. scient.*, 1872, n 9.
[2] *Rev. scient.*, 1871, n° 6.

mêler les éléments qu'elle renferme. Tous n'ont pas le goût de ce travail, certains esprits peuvent s'y trouver dépaysés ; mais puisqu'il a été fait par des intelligences d'une incontestable puissance, j'admire qu'il y ait des hommes assez hardis pour le blâmer ou pour en nier les résultats, en s'avouant eux-mêmes dans une ignorance absolue à cet égard.

III

PRINCIPES DU MOUVEMENT.

Ramenez tout à des mouvements, que la chaleur, l'électricité et la lumière ne soient plus que des oscillations de molécules, que la gravitation elle-même soit, comme quelques-uns l'ont pensé, l'effet de certains mouvements, que tout en un mot s'explique mécaniquement suivant les prévisions de Leibniz[1], vous êtes arrivés au dernier degré de simplification de la physique, car l'expérience ne nous montre rien de plus élémentaire que le mouvement, mais vous êtes encore bien loin de l'unité

---

[1] Lettre à Bernouilli.

vraie et des premiers principes des choses. Le mouvement ne présente qu'une unité apparente ; multiple en lui-même, multiple dans ses causes, s'il est la dernière chose visible, il est impossible qu'il soit conçu en fait comme un élément primordial du monde matériel.

On parle trop souvent du mouvement comme d'une force, d'une action ou d'un état. On semble croire qu'un je ne sais quoi, dépourvu d'existence propre, passe incessamment de corps en corps. C'est une conception chimérique [1]. Le mouvement, comme fait expérimental, consiste en un changement de lieu et rien de plus. Les mouvements divers que nous constatons ne sont que des séries de changements de lieu. Mais, comme nous ne concevons aucun effet sans une cause, nous mêlons spontanément à l'idée de ces changements de lieu, la notion vague de la force ou de l'activité qui les produit. En métaphysique, où l'exactitude rigoureuse est de la plus haute importance, il faut absolument distinguer ces deux choses : le fait expérimental du changement de lieu qui est proprement le mouvement, et la conception d'une puissance qui détermine ce changement [2].

[1] Gubler. *Rev. scient.*, 1869, n° 19.
[2] Bayma. *Éléments de mécanique moléculaire*, livre I, prop. IV, scholie 7.

Mais nous allons nous convaincre que cette puissance n'est pas unique et qu'aucun mouvement ne se produit sans le concours de plusieurs causes.

Il n'y a pas de principe plus essentiel en métaphysique que celui d'après lequel tout ce qui existe est déterminé [1]. Comment une chose pourrait-elle subsister sans être précisément telle ou telle chose ? Sans doute, il y a des degrés dans la détermination, mais ces degrés sont exactement les mêmes que dans l'existence, et si un être est indéterminé sous un rapport quelconque, il n'est à cet égard qu'une simple possibilité sans existence actuelle.

Une force ne peut donc passer à l'acte que par un effet déterminé et pour un but déterminé. Si elle est aveugle, il faut qu'elle soit déterminée par sa nature à un acte précis; si elle est libre, elle peut se déterminer elle-même successivement à plusieurs actes en rapport avec la fin qu'elle se propose.

En appliquant ces considérations au mouvement, Aristote avait conclu que tout mouvement naturel à un but précis vient d'une tendance vers un lieu désigné. Quant au mouvement indéfini, il l'attri-

---

[1] Unum tantum determinate esse potest. (Suarez. *Disp. met.*, III, 3.) Quidquid existit habet certam et determinatam entitatem. (*Id.*, V, 1.)

buait à l'impulsion donnée par un moteur éternel et intelligent [1].

Cependant, la science moderne a constaté que tout mouvement, même dû à une cause naturelle, est de soi indéfini, qu'une fois donné il se continue, tant qu'il ne rencontre point d'obstacle. Bien plus, si la cause originelle persiste à agir, elle fait toute autre chose que de conserver l'impulsion, elle y ajoute. Chaque instant d'impulsion se conserve par lui-même, tant qu'un empêchement n'est pas venu le détruire.

Aristote s'est donc trompé. Mais s'ensuit-il que les prémisses dont il était parti fussent fausses, qu'un effet puisse survivre à sa cause, qu'un corps puisse tendre à changer de lieu, sans tendre précisément vers aucun lieu ?

Non, il faut conclure seulement qu'à la cause instigatrice du mouvement se joint une autre cause qui le conserve. Cette cause, on l'appelle, d'un nom assez mal choisi, l'inertie.

Qu'est-ce que l'inertie ? Boscovich a prudemment évité de répondre à cette question [2]. Certains sa-

---

[1] Arist. *Phys.*, l. VIII.

[2] In ea determinatione stat illa quam dicimus inertiæ vis, quæ an libera pendeat supremi conditoris lege, an ab ipsa punctorum natura, an ab aliquo iis adjecto, *ego quidem non quæro*. (*Philos. natural. theoria*, p. 5.)

vants pensent qu'elle est identique à la force de résistance[1] ou à quelque autre force intime que l'impulsion détermine à agir dans un sens donné[2]. Cette interprétation nous paraît peu admissible, car la vitesse peut croître indéfiniment, ce qui n'est guère concevable de la force de résistance, ou de toute autre force intrinsèque. D'ailleurs la direction imprimée par l'impulsion précise le mouvement mathématiquement, mais non physiquement. Pour qu'une force agisse réellement, il ne suffit pas qu'un chemin lui soit tracé, il faut encore qu'elle ait un motif de suivre cette route, un but à atteindre ; un but placé à l'infini serait un but qui n'existerait pas.

Mais il n'y a nulle nécessité de concevoir l'inertie comme une propriété primordiale de la matière. « Les forces, dit avec raison le P. Secchi, peuvent n'être que secondaires et se prêter parfaitement à toutes les exigences de l'observation[3]. » On se représente, il est vrai, l'atôme isolé continuant éternellement le mouvement une fois reçu, ce qui semblerait impliquer une propriété primordiale,

---

[1] P. Secchi. *Unité des forces physiques*, l. IV, ch. ii.

[2] Bayma. *Eléments de mécanique moléculaire*, l. I, prop. 10, scholie.

[3] *Unité des forces physiq.*, l. IV, ch. iv.

mais ceci est une conception mathématique qui ne fait que traduire l'universalité de la loi et d'où il n'y a rien à conclure quant à la nature des faits. Le mathématicien envisage l'atôme isolé, c'est-à-dire sans se préoccuper des autres atômes, mais non pas dans des conditions autres que celles données par l'expérience. Or ces conditions existeraient-elles encore, si l'atôme se trouvait réellement et physiquement isolé, c'est ce qu'on ne saurait dire, car personne n'a jamais vu un atôme unique.

Quoi qu'il en soit, nous comptons déjà deux causes nécessaires au mouvement ; la cause déterminante, impulsion étrangère ou propriété naturelle de tendre vers un point donné ; la cause de conservation, principe mystérieux qui occasionne la loi d'inertie.

Et si, comme cause déterminante, nous préférons à l'impulsion étrangère une propriété naturelle, une troisième cause nous est encore indispensable. En effet, si l'atôme tend naturellement vers un point donné, pourquoi ne s'est-il pas trouvé d'abord dans la situation convenable à sa nature ? Si par exemple tous les atômes sont pesants, pourquoi ne se sont-ils pas trouvés, dès le premier instant, placés aussi près que possible du centre. En ce cas le mouvement n'aurait pas même commencé. Il a donc fallu qu'une cause intervînt pour en placer au moins quelques-uns dans une situation contraire à leur tendance naturelle. Cette cause a-t-elle été un être étranger à la matière ? Cela ne nous paraît pas nécessaire. Mais une cause a dû intervenir, sans quoi la matière serait restée éternellement immobile dans ses tendances éternellement satisfaites.

Seraient-ce ici des subtilités logiques, amusement des métaphysiciens, et dépourvues de toute valeur pratique ? Que ceux qui se méfient de la métaphysique veulent bien consulter la mécanique, cette science si en faveur aujourd'hui qu'on se demande si elle n'envahira pas tout le domaine des sciences physiques. La mécanique répond comme la métaphysique qu'il n'y a point de machine pouvant entrer en mouvement et y persévérer, à moins de trois causes distinctes, tendance vers un point donné, éloignement de ce point, conservation de l'impulsion.

En mécanique le point vers lequel tend le mobile s'appelle le point d'équilibre, et le fait de la conservation du mouvement se révèle par la vitesse acquise. Mais ces deux conditions sont insuffisantes sans la troisième, la déformation préétablie, c'est-à-dire, l'éloignement du mobile du point d'équilibre stable. Pourquoi oscille le pendule, type élémentaire de la mécanique? Parce que le mobile a été éloigné du point d'équilibre vers lequel il est sans cesse rappelé et que la vitesse acquise le fait dépasser chaque fois ce point, de la même quantité dont il en avait été primitivement écarté. Ainsi la déformation donne le branle au mouvement, le point d'équilibre en détermine la direction et la vitesse acquise l'entretient. Ce sont bien les trois causes exigées par la métaphysique.

Mais le raisonnement et le calcul auraient-ils tort devant la réalité et la physique pourrait-elle expliquer le mouvement dans le monde réel d'une manière plus simple? Il est des hommes qui croient répondre à tout en affirmant que tout est mouvement et que le mouvement résulte de l'essence de la matière. Cela est facile à dire d'une manière générale ; mais il serait tout autrement difficile d'entrer à ce sujet dans des explications précises. Je vois en fait que tous ceux qui ont cherché à expliquer d'une manière plus ou moins satisfaisante l'origine du mouvement ont été contraints de recourir à la supposition de plusieurs facteurs.

La théorie la plus populaire aujourd'hui est celle qui fait de tous les phénomènes physiques le résultat d'une transformation alternative de chaleur en travail et de travail en chaleur. Nous avons déjà signalé cette tendance des savants contemporains à assimiler le monde à une sorte de machine à feu, à cause des relations si constantes et si précises découvertes entre la chaleur et les autres forces physiques et mécaniques. On sait que la quantité d'électricité, la quantité de travail et la quantité de chaleur sont susceptibles de s'équivaloir dans des conditions numériques déterminées [1]. De là à concevoir que ces quantités peuvent se transformer les unes dans les autres et même qu'elles ne sont que les applications diverses d'un même phénomène fondamental, il n'y a qu'un pas.

Cette théorie a été très-ingénieusement exposée par Clausius dans un congrès de savants allemands[2]. Clausius réduit tous les phénomènes physiques à deux classes, qui sont pour ainsi dire les deux points extrêmes de transformations alternatives. « On peut, dit-il, considérer la lumière comme comprise dans le mot chaleur. Les actions chimiques, les effets des forces électriques ou magnétiques, l'augmentation ou la diminution des mouvements de progression, de rotation ou d'oscillation

---

[1] Casin. *Rev. scient.*, 1867, n° 23.
[2] *Rev. scient.*, 1868, n° 10.

pour des masses pondérables, aussi bien que les mouvements électriques, peuvent, pour autant qu'on doit les considérer ici, être regardés comme de l'œuvre (du travail). » Chaleur et œuvre sont les deux termes entre lesquels le monde oscille incessamment se rapprochant toujours du premier, car il est impossible de construire une machine qui convertisse en énergie visible toute la température qu'on lui fait absorber [1]. Il y a donc à chaque instant une quantité de chaleur qui n'est plus susceptible d'être convertie en œuvre, c'est-à-dire, suivant l'expression de Clausius, des transformations qui ne sont plus réversibles, et le monde finira par une disgrégation ou chaleur absolue.

Nous ne discuterons pas cette dernière conclusion, sur laquelle Mayer n'est point d'accord avec Clausius [2]. Nous ne remarquerons pas non plus que la conception exposée ici ne répond pas exactement à l'idée qu'on doit se faire d'une machine à feu, laquelle oscille non point entre le travail et la chaleur, mais entre deux températures données. Nous voulons seulement constater que la théorie mécanique de la chaleur n'implique pas que le monde soit mené par un principe unique. Les transfor-

---

[1] P. Carbonelle. *Études religieuses*, nov. 1869.
[2] *Rev. scient.*, 1870, n° 8.

mations réversibles de chaleur en travail et de travail en chaleur supposent plutôt le contraire, car une seule cause ne pourrait ainsi produire des effets alternatifs. Jamais d'ailleurs la chaleur ne se transforme en travail visible que sous l'influence d'un mécanisme préexistant, artificiel ou naturel, dont la construction détermine et dirige ce travail. Si à un premier moment, il n'y avait eu que de la chaleur, comment aurait été occasionnée sa transformation partielle en effet mécanique ?

M. Lévêque a donc eu parfaitement raison de dire: « On aurait bien tort de redouter pour l'avenir des doctrines spiritualistes les conséquences de la théorie mécanique de la chaleur..... Sa philosophie sera ou tout à fait insoutenable, ou nécessairement assise sur les bases mêmes de la métaphysique de l'esprit [1]. »

Mais on trouvera peut-être, et non sans raison, que la théorie mécanique de la chaleur ainsi exposée ne va pas assez au fond des choses. La chaleur en effet paraît devoir se réduire à une sorte de mouvement moléculaire [2]. En ramenant tout à l'action de la chaleur, on expliquerait donc comment le mouvement appelé chaleur revêt succes-

---

[1] *Revue litt.*, 1870, n° 30.
[2] H. Sainte-Claire Deville. *Rev. scient.*, 1868, n° 8.

sivement d'autres formes, mais non précisément comment se produit le mouvement.

Un religieux anglais, le P. Bayma, professeur au collége de Stonehurst, a essayé de résoudre directement cette dernière question, en ne s'adressant qu'à des propriétés physiques et matérielles. Mais lui, non plus, n'a pu remonter à un principe unique. Il lui en faut trois : l'inertie, la force attractive et la force répulsive. Il suppose que certains atômes sont doués d'attraction, d'autres de répulsion et que, par leurs combinaisons, ils forment entre eux tous les éléments et tous les principes actifs de l'univers [1]. Sa conception nous paraît heureuse dans son ensemble et capable de suffire à tout, car il répartit les forces attractives et répulsives entre des individus différents, de telle sorte qu'il ne s'établit point de compensation entre elles. Pourquoi gâte-t-il une hypothèse ingénieuse en allant jusqu'à nier la résistance dans les atômes attractifs ? Qu'est-ce qu'un atôme sans résistance ? Ce n'est plus rien de matériel. Boscovich avait été mieux inspiré en attribuant à chaque atôme la force de répulsion jusqu'à une certaine limite [2]. Il est vrai qu'au delà de cette limite, il ne recon-

[1] *Éléments de mécanique moléculaire*, l. II.
[2] *Philosophiæ naturalis theoria*, p. 5.

naissait plus que la force attractive seule et que, par conséquent, il ne pouvait expliquer le mouvement sans une impulsion extérieure.

C'est au reste le parti que prennent aujourd'hui la plupart de ceux qui ne se contentent pas de dire que tout est mouvement, mais qui veulent trouver la raison du mouvement lui-même. C'est le parti qu'avait déjà pris Descartes. D'après ces savants, la matière n'aurait vraiment qu'une propriété qui est l'inertie, et elle aurait reçu dans le commencement une impulsion dont l'effet se perpétuant engendrerait tous les phénomènes de l'univers.

Dans cette interprétation nous n'avons que deux principes au lieu de trois, mais en compensation l'un de ces principes est extérieur au monde.

Toutefois la difficulté d'arriver à une véritable unité est tellement grande que ce système, si simple à première vue, ne peut être exposé en détail, sans multiplier les impulsions. La loi d'inertie a permis de renoncer à l'impulsion continue d'Aristote, mais on ne sait pas encore se passer d'impulsions diversement données aux différents atômes. C'est une complication que le P. Secchi lui-même, malgré la nature très-systématique de son esprit, n'a pas réussi à éviter [1]. Mais nous reviendrons plus loin

[1] *Unité des forces physiques*, l. IV, ch. III.

sur son système, ainsi que sur celui de MM. Maxwell et Thompson, parce que ces théories ont été formulées en vue de résoudre des difficultés différentes de celle qui nous préoccupe ici.

Le système d'une impulsion extérieure est logique et acceptable en principe pour quiconque ne tient pas à nier toute autre réalité que la matière. Mais il suppose la matière entièrement passive ou à peu près ; et c'est une conception que nous ne pouvons approuver. Qu'est-ce qu'une substance qui n'agit pas et de quoi peut-elle servir? Il n'y a pas de puissance purement passive, dit Suarez [1]; même pour supporter l'action d'autrui, il faut que la substance produise une manifestation qui donne prise, à moins que l'on admette que toute passion est un changement de l'identité. Aussi verrons-nous par la suite que toute substance est nécessairement active.

Si l'on dit que la force de résistance suffit pour constituer à la matière une certaine activité, je réponds avec Suarez que la résistance ne peut être conçue comme une force en elle-même, mais comme la conséquence d'une autre force [2]. Le corps

---

[1] *Disp. met.*, XLIII, 2.

[2] Resistentia formaliter solum esse potest ab aliquo contrario vel repugnante, non ab ipso subjecto capaci ut sic. (*Disp. met.*, XIX, 2.)

n'agit pas pour résister, mais il résiste parce que l'action qu'il produit est incompatible avec celle qu'on voudrait y substituer. L'expérience d'ailleurs admet-elle que la résistance soit la seule force qui anime la matière? Les chimistes sont-ils disposés à renoncer dès aujourd'hui à l'attraction moléculaire [1], ou les physiciens à la pesanteur? « Il nous est impossible, dit Bence Jones, de penser que la matière puisse exister sans que la force de pesanteur soit agissante ou toujours prête à agir dans chacun de ses atômes [2]. » S'il n'y a aucune tendance des atômes l'un vers l'autre, quel est donc le lien qui tient en rapport les éléments si nombreux du monde matériel? Qu'est-ce enfin que l'étendue? car s'il y a une chance d'explication rationnelle de ce fait mystérieux, ce ne peut être, comme nous le verrons plus tard, que dans la considération des actions que les éléments primordiaux exercent les uns sur les autres.

Il résulte de tout ceci que l'origine du mouvement n'a point encore été expliquée d'une manière complétement satisfaisante; mais il en résulte aussi que cette origine est certainement complexe, qu'elle suppose, soit dans la matière, soit en dehors d'elle,

---

[1] V. Dumas. *Rev. scient.*, 1868, n° 45.
[2] *Rev. scient.*, 1870, n° 1.

des actions et des forces cachées dont nous ne voyons que les derniers effets, et que, par conséquent, si la réduction de tous les phénomènes visibles au mouvement peut être une simplification de la physique expérimentale, elle ne donne nullement lieu de croire qu'on a trouvé là le premier fond qui, s'expliquant par lui-même, servirait à expliquer tout le reste.

IV

DE LA CAUSE DES DIFFÉRENTES NATURES DE CORPS.

Ici vient se placer une question très-controversée aujourd'hui : le mouvement se produit-il au sein d'une matière unique ou de plusieurs matières ayant chacune une nature particulière ?

Quand on parle d'une matière unique, il est évident qu'il ne s'agit pas d'une matière individuellement une. Toute la science moderne est atomiste : « la théorie atomique ou théorie moléculaire de la constitution des corps est entrée pleinement aujourd'hui dans le domaine des sciences physiques [1]. »

---

[1] Clerk Maxwell. *Rev. scient.*, 1871, n° 10.

Il est vrai que quelques savants ont préféré, dans ces derniers temps, l'expression d'éléments de volumes à celles d'atômes [1]. Mais leur but est plutôt d'échapper aux hypothèses un peu hasardées faites sur le nombre, les dimensions et la forme des atômes, que de nier la division en fait de la matière elle-même. Il ne peut donc être question pour la matière que d'une unité spécifique.

Officiellement la science enseigne encore la multiplicité des essences matérielles. Mais en fait les convictions intimes des savants sont fort ébranlées à ce sujet. On s'attend généralement à voir se réaliser prochainement la réduction de tous les corps simples à une seule matière, bien que M. Berthelot ait déclaré qu'en tous cas cette réduction ne pourrait pas se faire de la même manière que la décomposition des corps complexes [2], la loi des chaleurs spécifiques étant différente dans les deux cas.

On va même plus loin, car beaucoup de savants rejettent aujourd'hui comme inutile l'ancienne hypothèse d'un fluide ou corps impondérable d'une autre espèce que les substances pesantes.

---

[1] Helmholtz. *Rev. scient.*, 1871, n° 28.
[2] *Rev. scient.*, 1873, n° 27.

« Toutes les hypothèses admises aujourd'hui disparaîtront nécessairement de la science, dit M. H. Sainte-Claire Deville, je ne fais aucune exception, même en faveur de cette théorie des ondulations, admirable conception de l'esprit humain, où l'hypothèse de l'éther lumineux laisse encore bien à désirer [1]. » Toutefois il est impossible de concevoir un vide absolu entre les corps pondérables. Aussi les adversaires de l'éther admettent que partout où se trouvent de la lumière et de la chaleur, il y a de la matière ordinaire, mais tellement raréfiée qu'elle échappe aux moyens de constatation que fournissent d'autres forces, telles que la pesanteur [2].

Ainsi il n'y aurait aucune différence de nature entre l'éther et les corps pondérables, non plus qu'entre les corps simples ; il n'y aurait que des différences de groupement. Mais quelle est la cause de ces différences ? Et d'abord, en quoi consiste cette raréfaction que tout le monde est contraint de reconnaître à la matière éthérée ?

Veut-on dire que les molécules de l'éther sont beaucoup plus dispersées, beaucoup plus écartées

---

[1] *Rev. scient.*, 1868, n° 6.
[2] Bence Jones. *Rev. scient.*, 1870, n° 1.

l'une de l'autre que celles de nos gaz les plus légers? Comment comprendre en ce cas la transmission des ondes lumineuses et calorifiques? Un savant voulant rendre compte de ce fait que les gaz parfaits ont un spectre lumineux à raies brillantes très-nettes, remarquait que dans ces gaz l'écartement des atômes est tel que ces particules se trouvent fort rarement en collision l'une avec l'autre et que par conséquent chacune reste toujours dans le même état de vibration juste [1]. Si cette explication est admissible, les atômes de l'éther seraient bien moins susceptibles encore de se rencontrer, et incapables par conséquent de se transmettre aucune espèce de mouvement d'une manière régulière.

Le mot raréfaction ne peut donc indiquer la rareté ou l'écartement des particules, mais seulement leur ténuité. D'où viendrait cette ténuité ?

D'après des considérations déduites des chaleurs spécifiques, M. Berthelot a pensé que, dans beaucoup de corps solides, les molécules sont doubles ou triples de ce qu'elles sont à l'état gazeux [2]. Quelque hypothèse analogue peut être imaginée

---

[1] Thompson. *Rev. scient.*, 1871, n° 8.
[2] *Rev. scient.*, 1869, n° 48.

pour les corps pondérables. Ces corps seraient formés d'éléments simples, semblables à ceux de la matière générale, mais liés entre eux par groupes plus ou moins nombreux, dont la disposition expliquerait, si on pouvait la connaître, les différences spécifiques [1]. Ainsi, les corps divers représenteraient des groupements d'atômes plus ou moins compliqués, l'éther ne serait autre chose que les mêmes atômes à l'état libre et l'on concevrait facilement, sans recourir à l'hypothèse d'une dispersion exagérée, « le milieu d'une ténuité presque infinie et parfaitement élastique qu'on appelle l'éther [2]. »

Quelques calculs ont été faits pour indiquer quel serait, dans cette hypothèse, le degré de condensation des corps par rapport à la matière élémentaire. M. Dumas avait pensé que tous les corps peuvent être regardés comme des condensations d'une substance quatre fois moins dense que l'hydrogène; des vérifications plus récentes ont montré que ce nombre ne serait pas exact. Mais cette erreur d'appréciation n'infirme pas nécessairement la théorie. M. Norman Lockyer a constaté, par l'analyse spectrale, que plus les étoiles sont élevées

---

[1] Blondeau. *Moniteur scient.*, 1868, 20 février.
[2] Tyndall. *Rev. scient.*, 1869, n° 16.

en température, moins on y trouve de corps simples et que ce sont les plus denses qui disparaissent les premiers, comme si la chaleur excessive dissolvait peu à peu ces corps que nos méthodes ne peuvent attaquer [1].

Il resterait à découvrir la cause de cette liaison particulière entre certains groupes d'atômes. C'est une question abstraite que les physiciens n'ont guère touchée ; mais elle a tenté plusieurs mathématiciens. Ceux-ci expliquent cette liaison par des mouvements ; ils poussent donc jusqu'à l'extrême ce principe qu'il n'y a que de la matière et du mouvement, puisque les différences les plus intimes existant entre les diverses espèces de matière ne seraient que l'effet de certains mouvements. Ces mouvements seraient même, d'après quelques-uns, les premiers principes des mouvements généraux dont nous sommes témoins, et la question que nous étudions actuellement se trouverait ainsi confondue avec la précédente. « Chaque atôme, disait Magrini, jouit d'une activité propre et il est le siége de toutes les forces naturelles [2]. » Il est tout à fait conforme à nos tendances philosophiques de chercher, comme le dit Maxwell, la raison

---

[1] V. Grimaux de Caux. *Rev. scient.*, 1874, n° 4.
[2] *Rev. scient.*, 1867, n° 49.

de ce qui se voit dans ce qui ne se voit pas [1]. Nous n'aurions donc en principe aucune raison de repousser cette manière de voir. Remarquons cependant que les théories présentées jusqu'ici pour justifier une telle hypothèse offrent de sérieuses difficultés.

MM. Graham, Maxwell et Thompson pensent que les molécules des corps seraient de petits tourbillons créés par une impulsion extérieure, car ils ne pourraient être engendrés spontanément par le simple jeu des forces naturelles. Une fois en mouvement ces tourbillons seraient indestructibles. Mais ils devraient être susceptibles de telles combinaisons variées, de telles intrications les uns avec les autres, que les propriétés résultantes en fussent aussi variées que celles des divers systèmes de molécules peuvent l'être [2].

Que d'interventions extramatérielles, que d'actes créateurs suppose une semblable théorie, puisque chaque tourbillon doit recevoir une impulsion spéciale !

Le P. Secchi cherche à éviter cette multiplicité d'interventions. Il pense qu'un atôme en mouve-

---

[1] *Rev. scient.*, 1871, n° 10.
[2] Maxwell. *Rev. scient.*, 1868, n° 10.

ment, en rencontrant d'autres, peut arriver par une suite de chocs successifs à décrire un mouvement circulaire ; et que, par ces mêmes chocs, il détermine plusieurs autres atômes à le suivre dans son orbite. Quand plusieurs groupes ayant le même axe de rotation se rencontrent, ils s'unissent entre eux et forment ainsi une molécule de substance particulière [1].

Ces déductions sont exposées par le savant religieux d'une manière très-ingénieuse. Mais qu'elles sont loin encore de la simplicité absolue ! Pour les établir, il faut supposer certains atômes en repos, d'autres en mouvement de translation, d'autres enfin en mouvement de translation et de rotation. Il est en outre assez difficile de comprendre comment des chocs successifs peuvent établir un mouvement circulaire, malgré la manière spécieuse dont le P. Secchi explique qu'un atôme animé d'un mouvement rotatoire doit rebondir obliquement. Il faut supposer entre les angles de réflexion et les distances des atômes une proportion qui n'est point prouvée.

Le P. Secchi ne prétend pas que les tourbillons ainsi formés soient indestructibles ; il parle

---

[1] *Unité des forces physiq.*, l. IV, ch. III.

même en quelques endroits de fusion de tourbillons. Mais alors on se demande comment il se fait que certains tourbillons, qui déterminent la nature des corps simples, soient tellement permanents qu'ils se retrouvent toujours les mêmes, après s'être mêlés et enchevêtrés les uns dans les autres. La fixité des essences matérielles semble bien peu compatible avec cette variabilité, cette communicabilité qui est le caractère propre du mouvement local.

Toutes ces hypothèses n'ont qu'un but qui n'est pas dissimulé, réduire autant que possible le nombre des qualités et des forces dites occultes. Qu'est-ce qu'une qualité occulte? Pour le physicien, c'est une qualité qui n'est point donnée par l'expérience ; pour le métaphysicien, c'est une notion irréductible aux catégories fondamentales, être, action, relation, etc. Chaque science tend à en diminuer le nombre dans sa sphère ; mais jamais on n'y réussira d'une manière complète, car jamais on ne pourra tout voir ni tout concevoir.

Quelle est la qualité occulte qu'on cherche à éviter ici? l'attraction moléculaire. Et que met-on à sa place? un fait aussi inaccessible aux sens, l'impulsion étrangère. Ce fait offrirait-il du moins à l'esprit une idée plus claire que l'attraction? Je ne le crois pas.

L'attraction moléculaire se conçoit nettement ; on la rapporte facilement à une force ou propriété par laquelle chaque atôme agirait sur plusieurs autres et réglerait ses rapports avec eux. La nature propre de ces rapports, voilà l'inconnu ; mais le reste de la définition se compose d'idées parfaitement compréhensibles. Ainsi conçue, la même force moléculaire, attractive dans certains cas, devient répulsive dans d'autres, comme le voulait Boscovich [1]. Elle est attractive quand elle empêche les atômes voisins de diminuer leur rapport avec l'atôme considéré comme central ; elle est répulsive au contraire quand elle les empêche de l'exagérer. L'existence de cette double action est attestée par les physiciens : « Il y a sans cesse, dit M. Tyndall, en activité entre deux atômes quelconques deux forces, l'une attractive, l'autre répulsive, et la position de chaque atôme, sa distance de ses voisins, est déterminée par la composition de ces deux forces. Si les atômes se rapprochent trop, la répulsion prédomine et les sépare ; s'ils

---

[1] Ipsam determinationem ad accessum et recessum appello vim, in priore casu attractivam, in posteriore repulsivam. (*Phil. natur. theoria*, n° 5.) Boscovich dit encore à ce sujet : Utraque vis ad eamdem speciem pertinet, quum altera respectu alterius negativa sit, et negativa a positivis in specie non differant.

s'écartent, l'attraction l'emporte et les ramène. Le point pour lequel l'attraction et la répulsion s'équivalent est la position d'équilibre de l'atôme [1]. »

Cet état d'équilibre entre l'attraction et la répulsion semble offrir une base suffisante à tous les mouvements et à toutes les condensations. Il suffit qu'au milieu de la matière ainsi équilibrée apparaissent des particules douées d'une attraction plus énergique : l'équilibre est détruit et le mouvement général commence. Dans ce mouvement, les particules plus spécialement attractives peuvent se rencontrer et s'unir en mille manières diverses, créant différents modes de groupements.

Ces particules constituent, il est vrai, un fait nouveau et spécial qui n'était pas impliqué dans l'état précédent de la matière. Mais il n'y a pas lieu de s'arrêter à cette difficulté, puisque, ainsi que nous allons le voir dans les pages suivantes, il est absolument impossible de concevoir le monde où nous vivons, autrement que par l'apparition successive de plusieurs forces de natures diverses.

---

[1] *Rev. scient.*, 1869, n° 16.

V

DU PRINCIPE DE LA VIE.

Supposons que, par l'une des hypothèses précédentes, on ait parfaitement expliqué les mouvements généraux et tous les travaux physiques et chimiques. Une série de mouvements reste encore à expliquer, ce sont les mouvements vitaux.

Ces mouvements ont une direction toute particulière et un caractère exceptionnel. Ils semblent donc relever d'un principe spécial, et ce qui confirme cette pensée, c'est qu'on ne voit jamais la vie se former que sous l'influence de la vie [1]. Cependant il y a eu un état du globe où la vie ne pouvait exister [2]. La terre a été inhabitable pendant une longue période, et il est permis de considérer comme une fantaisie l'idée de Thompson que les germes vivants auraient pu nous arriver d'une autre planète. La vie est donc apparue un jour au milieu de substances qui ne la possédaient pas.

[1] Thompson. *Rev. scient.*, 1871, n° 8.
[2] Id., ibid.

Voilà un fait certain qui prouve d'une manière saisissable que tout n'a pas existé dès le commencement. Ce fait est un grand embarras pour les docteurs matérialistes. Aussi font-ils les plus grands efforts pour prouver que la vie n'est, malgré les apparences, qu'un phénomène purement mécanique.

Il faut convenir que depuis le commencement de ce siècle, la science, et je parle ici de la science sérieuse et sincère, a beaucoup fait pour amoindrir le rôle donné dans d'autres temps à une force vitale. Le mot même est frappé aujourd'hui de discrédit.

Autrefois on attribuait naïvement à cette force tout ce qui dans les corps vivants paraissait contraire aux lois qui régissent le monde inorganique. Mais les progrès de la chimie et de l'expérimentation ont permis depuis une cinquantaine d'années de pénétrer beaucoup plus avant dans l'étude des faits physiologiques. Qu'en est-il résulté ? c'est que les faits chimiques s'accomplissent dans les corps vivants exactement comme dans les corps inorganiques, en tenant compte seulement du milieu où ils se produisent. « Plus on avance, dit M. Marey, plus les lois vitales deviennent inutiles et plus les lois physiques et chimiques suffisent [1]. »

[1] *Rev. scient.*, 1867, n° 24.

En effet toutes les fois que l'on a pu réaliser par des moyens artificiels les mêmes conditions physiques et chimiques qui se rencontrent dans un corps vivant, on a obtenu exactement les mêmes combinaisons regardées auparavant comme particulières à la vie. Dès 1845, on avait déjà construit de toutes pièces l'acide acétique, le gaz des marais, l'acide cyandrique, l'acide formique. M. Berthelot a donné à ces recherches une immense impulsion et est arrivé à fabriquer artificiellement une foule de composés organiques parfaitement semblables à ceux que produisent les corps vivants. Les produits les plus essentiels à l'organisme, l'albumine et la fibrine, n'ont pas encore, il est vrai, été fabriqués. Cependant un savant anglais, M. Goodman, prétend avoir trouvé le moyen de convertir l'albumine en fibrine par l'action de l'eau [1].

On doit avouer que la nature vivante emploie quelquefois d'autres moyens que ceux en usage dans nos laboratoires. Il faut qu'elle ménage les tissus environnants; elle n'a pas d'ailleurs les mêmes raisons que nous de produire dans le moindre délai possible. Mais ses procédés sont toujours des procédés chimiques : « Il n'y a pas d'an-

---

[1] *Rev. scient.*, 1871, n° 42.

tagonisme, dit M. Claude Bernard, entre les forces physiques et les forces vitales. Le théâtre de l'action et les conditions dans lesquelles elle s'accomplit constituent la seule distinction réelle entre elles..... La force vitale, ajoute-t-il, en tant que force distincte opposée aux phénomènes physico-chimiques n'a pas d'existence [1]. »

Soit, dira-t-on, la machine est construite avec les mêmes éléments que le monde inorganique, mais au moins son mode de fonctionnement est spécial : la vie est productrice de mouvements, et son action spontanée est un caractère qui la sépare nettement de tout ce qui n'est pas vivant.

Encore une hypothèse que la science nous oblige à abandonner, car elle prouve à l'aide de la théorie mécanique de la chaleur, que le corps ne manifeste point de force motrice qu'il n'ait reçue d'ailleurs : « Un animal, disait Frankland, quelque haute que soit son organisation, ne peut pas plus engendrer une force capable de mouvoir un grain de sable, qu'une pierre ne peut tomber en l'air, ou une locomotive sans charbon traîner un convoi [2]. » Il est vrai que les physiologistes ne sont pas complétement d'accord sur la manière dont l'énergie

---

[1] *Rev. scient.*, 1872, n° 13.
[2] Id., 1867, n° 6.

motrice se dégage dans les corps vivants. Tandis que les uns, avec Liebig, pensent que c'est par l'oxydation musculaire, c'est-à-dire en se brûlant lui-même, que l'animal prend sa force d'action, Frankland juge que le muscle est simplement une machine destinée à transformer en mouvement la chaleur produite par l'aliment combustible dont l'agent nerveux détermine l'oxydation [1]. Quoi qu'il en soit, tous admettent qu'aucun corps ne se donne à lui-même le mouvement [2]. Au point de vue de l'énergie, les corps vivants ne sont pas créateurs de mouvement, comme on l'a cru ; ce sont simplement des agents de réduction et de transformation. « Les végétaux sous l'influence solaire dégagent certaines matières inorganiques des combinaisons où toute leur énergie était absorbée ; ils accumulent ainsi de la puissance et cette puissance est ensuite dépensée par les animaux sous forme de chaleur et de mouvement [3]. »

D'ailleurs plus on étudie les mouvements dont les corps vivants sont animés, plus on reconnaît qu'un grand nombre d'entre eux doivent être expliqués par des moyens purement mécaniques.

---

[1] *Rev. scient.*, 1867, n° 6.
[2] Béclard. *Rev. scient.*, 1868, n° 2.
[3] Wurtz. *Rev. scient.*, 1872, n° 22.

Ainsi nous savons que le muscle du cœur et même des morceaux de ce muscle continuent à battre lorsqu'ils sont séparés violemment de l'organisme[1]. Ce phénomène inattendu prouve que la vie n'est pour rien dans un mouvement cependant si essentiel. Ce mouvement et autres du même genre doivent être attribués, suivant M. Michael Forster, à un artifice de construction, grâce auquel ils résultent naturellement des mouvements moléculaires qui constituent la nutrition des tissus [2]. Des mouvements même volontaires, qu'une longue habitude a transformés en mouvements réflexes, se reproduisent en dehors de la volonté, en dehors même de la vie. La machine animale a pris un pli tel que l'excitation extérieure arrive à produire mécaniquement un effet qui d'abord avait été voulu. C'est ainsi que M. Brown Séquard a vu une tête de chien coupée tourner les yeux à l'appel de son nom[3] ! Il avait suffi pour produire cette espèce de miracle d'introduire dans la tête une certaine quantité de sang oxygéné.

Le mouvement ne suppose donc dans la vie rien

[1] P. Bert. *Rev. scient.*, 1868, n° 8.
[2] *Rev. scient.*, 1869, n° 43.
[3] Gavarret. *Phénomènes physiques de la vie*, sect. II, ch. ii, art. 3.

de spécial ; le mouvement propre à chaque partie se produit naturellement quand les conditions physico-chimiques du milieu sont intactes [1] : mais peut-être que la forme même de ces parties et leur agencement supposent l'existence d'une force particulière. Le plus éminent des physiologistes français, M. Claude Bernard, paraît se prononcer dans ce sens : « Quand on considère, dit-il, l'évolution complète d'un être vivant, on voit clairement que son organisation est la conséquence d'une loi organo-génique qui préexiste d'après une idée préconçue et qui se transmet par tradition organique d'un être à l'autre [2]. » S'il y a une loi, il faut, ainsi que le remarque M. W. Carpenter, un moyen d'exécution. Ainsi la forme des corps vivants témoignerait d'une force spécifique distincte.

Mais voici une théorie nouvelle, qui n'a pas encore droit de cité dans la science, qui est même combattue par beaucoup de savants de premier ordre, mais qui toutefois gagne du terrain et pourra peut-être bientôt nous imposer ses doctrines. Le transformisme suppose que les formes végétales et animales sont le produit d'un concours de circonstances intérieures et extérieures sous l'empire

---

[1] Cl. Bernard. *Rev. scient.*, 1872, n° 17.
[2] Cl. Bernard. *Rev. scient.*, 1868, n° 1.

desquelles elles se modifient peu à peu. La vie se serait élevée successivement des formes les plus simples aux formes les plus composées. Les formes des divers êtres ne seraient donc pas l'effet de leur nature spécifique, mais d'une évolution continue, dont le caractère et les conditions ne sont pas encore suffisamment déterminées.

Cette théorie renouvelée de Lamarck par Darwin est loin d'être démontrée ; elle est et ne sera jamais sans doute qu'une hypothèse. Mais elle séduit l'imagination par une simplicité apparente. Elle explique d'une manière commode la succession des formes géologiques et certaines irrégularités que l'on observe dans la nature vivante. De ce que le dugong a des dents dont il ne peut se servir, ou de ce que la taupe a des yeux qu'elle perd quand ils pourraient lui être utiles [1], il serait déraisonnable d'en conclure, contre la masse des faits, que la nature n'est pas appropriée à un but. Mais on en déduit légitimement que la nature ne tend qu'à des buts d'ensemble, et ne vise point les formes et les espèces particulières ; que celles-ci se développent, par conséquent, non en vertu d'une force interne qui serait spéciale à chacune, mais d'après les lois générales qui président à la vie.

[1] Clifford. *Rev. scient.*, 1872, n° 22.

Le côté faible du transformisme, c'est l'insuffisance des moyens qu'il indique comme déterminant l'évolution. Darwin est à cet égard d'une infériorité manifeste. Le principe de la sélection naturelle et celui de la concurrence vitale peuvent bien expliquer à la rigueur la conservation de certaines formes de préférence à d'autres ; mais comment auraient-ils donné naissance à ces formes elles-mêmes ? « Autant il est notoire, dit Schaaffhausen, que la grande loi décrite par Darwin et négligée jusqu'à lui a été, dans un grand nombre de cas, une source d'améliorations, de perfectionnements des organismes; autant il est peu démontré qu'elle est l'unique cause du développement continu des formes organiques, » et il ajoute : « les révolutions qui ont changé les conditions générales de la nature, comme l'élévation du sol, la formation des terrains d'alluvion si fertiles, une heureuse combinaison de chaleur et d'humidité, doivent avoir exercé sur ce développement une influence très-considérable [1]. »

En effet l'idée d'une influence du milieu semble encore l'explication la plus vraisemblable parmi celles qui ont été proposées à l'appui de la loi d'é-

---

[1] *Rev. scient.*, 1868, n° 48.

volution. M. Vogt l'a adoptée. Le mode d'action de ce qu'on appelle le milieu est sans doute très-obscur; mais il est certain qu'il en a une, bien qu'on ne l'ait jamais constatée que dans des limites très-étroites. M. de Quatrefages, qui d'ailleurs n'est pas transformiste, attribue à cette influence les modifications que subissent les espèces transportées dans des climats nouveaux : « le milieu, dit-il, exerce une influence incontestable par les conditions d'existence qu'il leur impose, il soumet les êtres organisés à une action souvent profonde qui entraîne des modifications d'où résultent des variétés et des races [1]. » L'influence produite par le changement de milieu pour la production des races a pu, suivant les transformistes, s'étendre aux espèces et même aux genres, par suite des changements multipliés et profonds qu'a éprouvés l'état de notre globe depuis les premières périodes géologiques [2].

[1] *Rev. scient.*, 1868, n° 43.
[2] Notre indulgence pour la théorie transformiste cesse dans le cas où on veut l'étendre à l'homme, comme Darwin a essayé de le faire récemment. Quelque vraisemblance que cette théorie puisse acquérir en ce qui concerne le règne animal, jamais on ne pourra l'appliquer légitimement à l'humanité dans laquelle l'intelligence, comme nous le verrons plus loin, suppose l'apparition d'une force complétement nouvelle et absolument irréductible aux forces antérieures. De même le passage du végétal à l'animal, de l'être qui vit simplement à celui qui vit et sent, n'a pu se faire en aucun cas par le seul effet de la loi d'évolution.

Eh bien! admettons que la théorie transformiste ait triomphé; malgré l'objection qu'elle suggère d'abord en donnant une origine expérimentale aux caractères morphologiques, elle n'est nullement favorable à une explication mécanique de la vie. En effet, elle met très-fortement en relief le fait vital par excellence, le fait de l'hérédité. Elle ne peut s'expliquer que par l'accumulation des formes acquises, et par conséquent par la conservation des formes anciennes au sein du nouveau milieu qui en provoque de nouvelles. Profonde différence entre le cristal et l'être vivant que l'on a voulu souvent rapprocher, le cristal a une forme mathématiquement réglée et qu'il reproduit jusque dans ses dernières molécules. Si le milieu modifie quelquefois la figure d'ensemble, cette modification disparaît dès qu'il se trouve placé dans un milieu différent. L'être vivant, au contraire, de quelque manière qu'il ait adopté une forme, se l'approprie et la conserve en dépit des obstacles. Si donc à certains égards on peut le croire dépendant du milieu, il est certain qu'à d'autres il montre une indépendance, une puissance d'individualité qui implique un principe interne.

M. de Quatrefages, dans son étude sur les races, a parfaitement mis en relief cette puissance de l'hé-

rédité «s'opposant à des modifications ou bien les perpétuant quand elles se sont une fois produites[1].»
Il a montré que l'hérédité s'applique à tout caractère imprimé profondément dans l'organisme, aux formes extérieures, à la structure interne, à la résistance vitale, aux dispositions pathologiques, aux caractères psychologiques, quelquefois même à des états momentanés. On a remarqué que les enfants engendrés pendant l'ivresse présentent quelquefois en permanence certains signes caractéristiques de cet état[2].

Il a montré qu'une espèce animale, modifiée par un milieu, ne perd pas sa modification en retournant dans le milieu primitif. Cette particularité est facilement constatée dans les races domestiquées qui échappent ensuite à l'action de l'homme: « Les races libres ne retournent pas à un type unique et parfois même elles acquièrent des caractères nouveaux. Des races antérieurement caractérisées et distinctes, bien qu'elles soient soumises les unes et les autres aux mêmes conditions de la vie sauvage, ne se fondent pas en une seule[3]. »

Ce qu'il y a surtout d'étonnant, c'est que l'hé-

---

[1] *Rev. scient.*, 1868, n° 41.
[2] *Rev. scient.*, 1868, n° 43.
[3] *Rev. scient.*, 1868, n° 36.

rédité se dissimule quelquefois pendant plusieurs générations, pour reparaître dans un descendant éloigné. « C'est le véritable atavisme, inexplicable, mais important à signaler et qui plus qu'aucun autre met en relief la puissance de l'hérédité, tout en la présentant comme latente pendant un nombre parfois considérable de générations [1]. »

Quel est le principe interne de l'hérédité ? Est-ce une propriété spéciale, ou peut-il se ramener aux forces déjà connues ?

Beaucoup de personnes pensent, avec Tyndall, que la vie est un mécanisme infiniment délicat qui ne diffère des mécanismes ordinaires que par la petitesse des masses et la complication des procédés [2]. Cette opinion avait déjà été adoptée par Descartes ; elle se fonde uniquement sur le grand nombre de faits que l'on a pu ramener aux mouvements ordinaires. Toutefois parmi ceux qui la soutiennent aussi nettement, on compte peu de physiologistes de profession. Il est plus facile de dire en général que la vie est un mécanisme, que d'accorder cette assertion avec les faits.

L'hypothèse que la vie est un mécanisme entraîne nécessairement cette autre supposition que le germe

---

[1] *Rev. scient.*, 1868, n° 43.
[2] *Rev. scient.*, 1868, n° 36.

est un mécanisme rudimentaire ; c'était aussi la pensée de Descartes. Mais la micrographie ne l'a pas confirmée. L'étude de l'œuf sous les plus forts grossissements a montré au contraire qu'il ne contient aucune exquisse de l'animal futur [1]. On distingue dans l'œuf deux éléments constituants : une cellule germe, deux suivant M. Balbiani, et un liquide granuleux [2]. Ces conditions, sauf la quantité de liquide, sont absolument les mêmes dans tous les œufs et Agassiz a pu dire qu'il semble que tous les animaux pourraient sortir du même œuf [3]. Il n'y a donc nul moyen d'expliquer la transmission des formes par des considérations mécaniques.

Suivant un éminent histologiste, M. Robin, tout reposerait sur l'état physico-chimique de la matière organisée. Il enseigne que cette matière est formée de principes immédiats de trois ordres, les uns d'origine minérale, d'autres d'origine organique mais volatiles ou cristallisables, d'autres enfin coagulables : « c'est par l'association molécule à molécule de principes de ces trois ordres qu'est formée la matière organisée ; l'analyse en découvre l'existence en proportions diverses dans toutes les

---

[1] Vaillant. *Rev. scient.*, 1868, n° 23.
[2] Schwann. *Rev. scient.*, 1869, n° 23.
[3] *Rev. scient.*, 1873, n° 51.

espèces d'éléments anatomiques et d'humeurs..... Une matière complétement homogène, amorphe, sans structure en un mot, pourra être reconnue comme substance organisée vivante ou ayant vécu, si elle a ce seul caractère d'être constituée par des principes immédiats nombreux, appartenant à trois groupes ou classes distinctes, unis molécule à molécule... Toute simple qu'est cette organisation, c'en est assez pour que la substance puisse vivre, c'est-à-dire être en voie de rénovation moléculaire continue, dès qu'elle se trouve dans un milieu convenable [1].

« Partout où il existe de la substance organisée en voie de nutrition, on peut saisir sur le fait la génération d'éléments anatomiques. La genèse des éléments anatomiques est une génération spontanée en ce sens qu'elle consiste en une apparition de particules formées de substance organisée, alors qu'elles n'existaient pas là quelques instants auparavant. Ce n'est pas la segmentation du vitellus qui est le phénomène initial par lequel débute l'indication de la constitution d'une individualité nouvelle ; celle-ci est, au contraire, annoncée par un acte de genèse, celui de la génération antonome du

---

[1] *Rev. scient.*, 1868, n° 26.

noyau vitellin au sein d'une masse homogène en voie de rénovation moléculaire continue. Des éléments de même espèce ou d'espèces différentes apparaissent de toutes pièces, par genèse ou génération nouvelle, à l'aide et aux dépens des principes immédiats fournis par les premiers. Cette apparition a lieu sans qu'il y ait de lien généalogique substantiel direct de l'élément nouveau avec quelqu'autre élément préexistant que ce soit... Ces éléments nouveaux pour naître n'ont besoin de ceux qui les précèdent ou les entourent au moment de leur apparition que comme condition d'existence et de production, ou d'apport des principes qui s'associent entre eux [1]. »

M. Robin ajoute à ces explications, dans une leçon dont le résumé a été fait par M. le docteur Clémenceau, les assertions suivantes : « l'apparition de l'un des précédents organes détermine celle de celui qui le suit. Des parties nées successivement de telle sorte que la génération des unes est déterminée par l'ensemble des conditions nouvelles qu'apporte la naissance des autres ne peuvent manquer d'être solidaires..... Il faut savoir que les substances organiques coagulables jouissent de la

[1] *Rev. scient.*, 1867, n° 22.

propriété de transmettre, par simple contact avec des substances d'une autre espèce, l'état moléculaire que quelque circonstance particulière a produit chez elles [1]. »

M. Robin essaie, comme on le voit, une explication complète et méthodique de tous les phénomènes de la vie. Quel est le succès de cette tentative, faite par un savant auquel personne ne peut refuser une grande compétence pour la description des faits les plus délicats de l'embryogénie ?

Il faut remarquer d'abord que la manière de voir de M. Robin renverse plus complétement qu'aucune autre toute la théorie mécanique, car la vie peut subsister d'après lui dans la matière amorphe, dans le simple plasma formé par la réunion de principes immédiats.

De quelle nature est cette union ? Ce n'est pas, au moins dans un grand nombre de cas, une union chimique, car les principes y gardent leur individualité, et souvent on peut les séparer par des moyens purement mécaniques, tels que la pression, la dissolution ou le lavage ; ce n'est point non plus un mélange, car un mélange si intime qu'il soit ne donne point naissance à des propriétés réellement

---

[1] *Rev. scient.*, 1870, n° 27.

nouvelles. Quelle peut être la cause de cette union moins que chimique et plus que physique ?

Quoi qu'il en soit, la substance organisée même amorphe a déjà, suivant M. Robin, la propriété de vivre, c'est-à-dire d'être en voie de rénovation moléculaire continue. Il n'est peut-être pas très-exact de confondre la rénovation moléculaire avec la vie ; M. Claude Bernard dit plus justement que c'en est le signe le plus général [1]. Mais ce qu'il y a de particulier à M. Robin, c'est d'admettre l'existence de la nutrition en dehors de toute structure organique. Jusqu'ici on décrivait la nutrition, sauf le phénomène très-mystérieux d'assimilation, par une suite de phénomènes physiques et chimiques ; mais plusieurs, tels que l'endosmose, supposaient nécessairement la préexistence de la cellule. Si la nutrition a lieu dans une matière complétement amorphe, n'en déplaise à M. Robin, je ne demande pas une meilleure preuve de la théorie spiritualiste. Où voit-on une autre substance, dans un milieu constant, céder incessamment des molécules pour en reprendre d'identiques, sans laisser jamais sa composition s'altérer ? Partout ailleurs nous voyons la chaleur triompher de l'affinité ou l'affinité

[1] *Rev. scient.*, 1873, n° 8.

triompher de la chaleur ou une affinité triompher d'une autre ; l'action opérée, les choses restent en état, jusqu'à ce qu'un changement de conditions provoque une action nouvelle. La vie au contraire produit un échange incessant de molécules, dans l'unité de composition. L'échange ne peut donc être motivé, ni par la nature des molécules en jeu, ni par des actions mécaniques auquel on ne trouve aucune base. Il faut une force spéciale.

M. Robin ajoute, il est vrai, que la rénovation moléculaire ne s'accomplit que dans un milieu convenable, expression très-élastique qui peut mener bien loin de l'opinion qu'il soutient, car ce milieu est toujours en définitif un milieu qui a vie.

De même, si M. Robin fait triompher l'opinion que les éléments anatomiques ne sont pas la transformation les uns des autres, mais naissent par genèse spontanée, opinion qui, comme la précédente, lui est particulière, il ne fera que produire un témoignage de plus en faveur de l'activité spontanée et irréductible de la vie. Je sais que M. Robin a son explication physico-chimique toute prête : « à mesure de leur formation, dit-il, ces principes ne peuvent pas ne pas s'associer moléculairement en une substance amorphe ou figurée, semblable à celle de composition immédiate analogue qui a été la condition essentielle de la formation de ces principes... Formation et association de principes immédiats sont des choses simultanées ou à peu près, en raison même des lois de l'affinité chimique, qui là, non plus qu'ailleurs, ne perd aucun droit..... Tel est le mécanisme intime d'après lequel la nutrition, d'une part, et l'arrivée du développement de chaque élément, jusqu'à un certain degré, d'autre part, deviennent les conditions nécessaires de l'accomplissement de la genèse ou génération de nouvelles particules élémentaires de substance organisée amorphe ou figurée [1]. »

Sur un point aussi fondamental, nous nous permettons de trouver les assertions de M. Robin assez vagues. Où sont les faits qui les justifient, les exemples auxquels elles s'appliquent? Pourquoi confondre la formation des particules amorphes avec celle des particules figurées, deux questions fort différentes? Au reste M. Robin veut bien nous avertir qu'il tient cette théorie de M. Comte; c'est-à-dire qu'elle est fondée sur des hypothèses philosophiques et non sur l'observation des faits.

Nous demandons qu'on nous cite en dehors de la vie un cas où la composition chimique déter-

---

[1] *Rev. scient.*, 1867, n° 22.

mine l'élaboration d'une structure complexe, non comme celle des cristaux où la forme du tout résulte de la figure géométrique des éléments constituants, mais comme celle de l'organe vivant dont la forme n'a aucun rapport avec celle des parties dont il est l'assemblage.

M. Robin n'avoue-t-il pas d'ailleurs que les mêmes principes immédiats ne produisent pas toujours la même forme : « Dans aucune circonstance les éléments ne sont au moment de leur apparition semblables à ce qu'ils seront plus tard [1]. » Est-ce que leur composition s'est modifiée avec leur forme ? Qu'il ajoute, s'il le veut, à l'action chimique l'influence des éléments déjà développés. En quoi consiste cette influence ? Veut-il dire que les muscles, par exemple, ne peuvent se développer avant les os qui les soutiennent ? j'en tombe d'accord ; mais en résulte-t-il que les os soient la cause de la formation des muscles ? La cause ne doit pas seulement être telle que l'effet ne puisse avoir lieu sans elle ; il faut encore qu'elle contienne l'effet et l'explique. C'est pourquoi le passage des conditions nécessaires à la vraie cause n'est pas aussi simple que le jugent quelques savants.

Que nous apprend donc la théorie de M. Robin ?

[1] *Rev. scient.*, 1867, n° 22.

L'ordre du développement des formes, et sa corrélation dans certains cas avec des changements chimiques; mais elle ne nous fournit aucune preuve que ces faits s'expliquent suffisamment l'un par l'autre, elle se contente de le supposer. Si l'auteur de cette supposition peut lui prêter quelque apparence superficielle, cela vient de ce qu'il confond le véritable principe du phénomène, parmi une foule de phénomènes accessoires, sous cette expression vague et élastique, *milieu convenable*, qui est toujours, ainsi que nous l'avons dit, dans le point de vue où il s'est placé, un milieu vivant.

Il y a un fait montrant, selon nous, d'une manière incontestable, que cette condition du milieu vivant est bien la condition essentielle et fondamentale de tout phénomène d'organisation : c'est la fécondation. Par une loi jusqu'ici mystérieuse, la plupart des êtres vivants (on peut dire tous, car partout où l'on a cherché, on a trouvé en définitive deux sexes) ne se développent d'une manière complète que sous l'influence de deux substances organisées. L'œuf produit de la femelle ne commence point son évolution définitive sans l'arrivée d'une petite quantité d'autre substance venue du mâle. Cette substance quasi-fluide, qui se dissout en entrant dans l'œuf, n'apporte aucun principe chimique nouveau, aucun mouvement caractéristique ; cependant elle est indispensable. Si elle n'intervient pas, il se passe des réactions chimiques, l'oxygène de l'air exerce son action ; mais ces phénomènes n'agissent que pour la décomposition et la chaleur même nécessaire à l'éclosion ne devient dans ce cas qu'un agent de décomposition plus rapide. Sous son influence, au contraire, les mêmes phénomènes sont tout autrement réglés et conduisent à l'organisation et à la naissance.

Cette influence est tellement spéciale, que, toutes choses égales d'ailleurs, elle est annulée, si le sperme introduit n'appartient pas exactement à la même espèce ou du moins à une espèce tout à fait analogue. Cette condition est rendue particulièrement sensible par une observation fort précise de M. Thuret, rapportée par M. Brongniart. M. Thuret ayant étudié avec soin le mode de fécondation des algues, constata que les spores sortis des sporanges et maintenus dans l'eau de mer sans mélange d'anthérozoïdes ne germaient pas et se décomposaient au bout de quelques jours ; que les anthérozoïdes échappés des anthéridies et séparés des spores se mouvaient avec rapidité dans ce même liquide pendant vingt-quatre heures, puis cessaient leur mouvement et s'altéraient rapidement ; qu'au contraire, si l'on réunissait dans l'eau de mer les anthérozoïdes et les spores, les premiers se rapprochaient des spores, les entouraient souvent et par leur contact déterminaient un mouvement de rotation rapide des spores, dont la constitution se modifiait et qui devenaient alors des germes doués d'une vie propre dont la germination commençait bientôt.

Ces phénomènes de fécondation directe engagèrent M. Thuret à tenter des fécondations croisées entre trois espèces dioïques, *fucus vesiculosus*, *fucus serratus* et *ozothallia vulgaris*; mais, malgré l'apparence absolument semblable des anthérozoïdes de ces plantes et quoique les phénomènes visibles se passassent exactement comme nous venons de les décrire dans la fécondation des spores par les anthérozoïdes de la même espèce, il n'y eut jamais de fécondation accomplie pour les spores des fucus ou des ozothallia, par les anthérozoïdes de l'autre espèce [1].

Explique qui le pourra ces faits par des différences d'affinités chimiques ou de rapports avec le milieu ambiant.

Il y a donc dans la vie quelque chose d'irréduc-

---

[1] *Rev. scient.*, 1868, n° 50.

tible, et les meilleurs physiologistes en conviennent, c'est le principe d'évolution, ce sont « les lois morphologiques qui président non-seulement à la construction du type extérieur de l'être vivant, mais qui régissent encore toutes les particularités de son organisation intérieure [1] ». Ces lois ont une tout autre raison d'existence que les combinaisons chimiques ou mécaniques qui sont requises pour leur application. Aussi M. Claude Bernard va-t-il jusqu'à dire : « Toute évolution est le développement d'un état antérieur en une série d'états successifs : c'est une continuation.... une cellule formée spontanément et sans parents, manquant par cela même de point de départ, ne saurait avoir de continuation [2] », n'évoluerait pas. « On aura beau, dit-il ailleurs, analyser les phénomènes vitaux et en scruter les manifestations mécaniques et physico-chimiques avec le plus grand soin ; on aura beau leur appliquer les procédés chimiques les plus délicats, apporter dans leur observation l'exactitude la plus grande et l'emploi des méthodes graphiques et mathématiques les plus précises, on n'aboutira finalement qu'à faire rentrer les organismes vivants dans les lois de la physique et de la chimie générale, ce

---

[1] Cl. Bernard. *Rev. scient.*, 1868, n° 1.
[2] Id. *Rev. scient.*, 1873, n° 13.

qui est juste, mais on ne trouvera jamais ainsi les lois propres de la physiologie [1]. »

Ainsi, tous les phénomènes particuliers de la vie s'expliquent par les lois chimiques et mécaniques, mais le phénomène général et directeur, le fait d'évolution, résiste à cette explication ; il suppose une sorte de mémoire, une propriété spéciale de la matière qui a été organisée ; tel paraît être le dernier mot de la science contemporaine, et ceux qui ne l'acceptent pas en sont réduits à des allégations vagues qui ne peuvent résister à un examen approfondi.

Cette propriété d'évolution n'est pas quelque chose de mystérieux, doué sur la matière vivante d'une puissance arbitraire [2]. Non, comme toutes les propriétés naturelles, elle a ses lois parfaitement fixes et déterminées. Je dirai plus, ces lois n'ayant pour but que le développement de l'espèce, dans l'examen des phénomènes particuliers on peut très-bien la négliger comme une constante et rapporter toutes les variations de ces phénomènes à des variations chimiques et mécaniques. Aussi, la physiologie ne se développe-t-elle en réalité que par

---

[1] *Rev. scient.*, 1868, n° 1.
[2] P. Bert. *Rev. scient.*, 1869, n° 19.

la découverte de conditions chimiques ou mécaniques jusqu'ici inconnues.

Pouvons-nous donc proclamer à nouveau la force vitale? Ici les physiologistes les plus favorables nous arrêtent. Nous reconnaissons, disent-ils, ce principe d'évolution, « lorsqu'on suit le développement d'un être vivant quelconque, quoi qu'on fasse, l'idée d'un principe coordinateur et directeur s'impose à l'esprit [1] » ; mais ce principe ne peut être une entité métaphysique, il se retrouve en effet dans les dernières particules de la matière vivante. Tranchez un morceau de cette matière, ce morceau continuera son évolution dans le sens qui lui est habituel tant que les circonstances lui en fourniront les moyens. M. Vulpian a vu une queue de têtard continuer à vivre et à se développer pendant dix jours après sa séparation de l'individu [2]. Or une force vi-

---

[1] P. Bert. *Rev. scient.*, 1869, n° 19.

[2] Gavarret. *Phén. phys. de la vie,* sect. III. — Gavarret n'admet pas de principe d'évolution. Tout s'explique suivant lui par le groupement des molécules et les rapports avec le milieu. Mais ses arguments sont plutôt négatifs que positifs ; ils reposent surtout sur l'impossibilité qu'il croit trouver à concevoir ce principe tel que les faits l'exigent.

Il reconnaît d'ailleurs que, de toutes les théories vitalistes, celle d'Aristote, qui fait de la vie une simple force résidant dans la matière organisée, est la plus acceptable.

Ce travail était terminé lorsque M. Claude Bernard a publié dans la *Revue des Deux-Mondes*, du 15 mai 1875, un article sur le principe de la vie. L'illustre physiologiste déve-

tale, si elle existait, serait une, et on ne pourrait la concevoir se fractionnant et se retrouvant une dans chaque partie.

Cette objection aurait quelque valeur si la métaphysique avait réellement besoin de faire de la force vitale un être à part, une individualité ; mais cela n'est nullement nécessaire. Nous nous expliquerons plus tard sur la possibilité de concevoir une propriété vitale se retrouvant à la fois dans tout l'organisme, et dans chaque élément de l'organisme. Il nous suffit pour le moment d'avoir constaté que les plus éminents physiologistes reconnaissent l'irréductibilité du principe d'évolution. Nous n'avons pas besoin d'autre chose pour affirmer que la vie implique une propriété spéciale.

loppe et confirme ce qu'il avait déjà indiqué ailleurs, que l'évolution est le caractère propre et irréductible de la vie. Nous regrettons seulement quelques phrases qui sembleraient indiquer que l'idée d'une force évolutive n'est qu'une vue subjective de l'esprit. Sans doute l'esprit ne saisit pas immédiatement cette force, mais il conclut son existence de l'existence des phénomènes évolutifs. Il l'atteint non par une généralisation, mais par une déduction. Si une conclusion légitimement fondée sur des faits d'expérience n'a pas de valeur objective, il faut retrancher les trois quarts du savoir humain.

VI

DU PRINCIPE DE LA SENSATION.

Au-dessus des mouvements et des attractions, au-dessus des actions physiques et chimiques, au-dessus de la vie nous remarquons une nouvelle force ou propriété plus récente encore que la précédente, puisqu'elle ne peut se manifester que dans un être vivant : cette propriété, c'est le principe qui produit la sensation.

Nous avons déjà prouvé, dans la première partie, que la sensation réclame une cause interne et une cause externe, que la cause externe n'est autre chose qu'un mouvement, mais que la sensation étant essentiellement différente d'un mouvement, sa cause interne doit être d'une tout autre nature. Elle exige donc une propriété spéciale, propriété qui ne se trouve que dans les animaux.

Nous ne voyons pas comment nous pourrions insister davantage sur cette preuve : la différence essentielle de la sensation et du mouvement, de la couleur et des vibrations de l'éther, du son et des ondes de l'air, du sentiment de chaleur et des vibrations moléculaires, est une chose évidente et dont personne ne peut douter, dès qu'il les considère l'une et l'autre.

Aussi personne ne conteste cette différence. Nous l'avons vue acceptée, constatée par des savants tels que Tyndall et Gavarret ; nous la trouvons aussi reconnue par ceux qu'on appelle psychologues positivistes, qui ont formé en Angleterre une école assez nombreuse.

Écoutez cet aveu d'Alexandre Bain : « Les états psychologiques et les états physiologiques font un contraste absolu ; ils n'ont rien de commun, si ce n'est les plus généraux de tous les caractères, l'intensité et l'ordre de succession dans le temps... les faits physiques ne sont pas le fait psychologique et même ils nous empêchent de penser au fait psychologique [1]. »

Ce qui est surprenant, c'est qu'après un tel aveu, Alexandre Bain croit pouvoir créer une nouvelle psychologie, en étudiant les faits psychologiques moins en eux-mêmes que dans les opérations nerveuses et cérébrales qui les accompagnent. Nous avons montré plus haut combien nous tenions compte des conditions physiologiques de la sensa-

[1] *Rev. litt.*, 1869, n° 46.

tion et quel jour nouveau, suivant nous, l'étude de ces conditions peut jeter sur sa valeur et son principe. Mais borner toute la psychologie à ces études, n'est-ce pas sacrifier le principal à l'accessoire? n'est-ce pas se mettre volontairement dans l'impossibilité de donner une explication rationnelle des faits les plus importants de la sensibilité?

Il est vrai que, dans d'autres endroits, Alexandre Bain réduit un peu la portée de l'aveu que lui a arraché l'évidence : « le physique et le moral sont entre eux, dit-il, comme le passage d'un état où l'on connaît sous la condition de l'étendue à un état où l'on connaît indépendamment de l'étendue [1]. » Que veut dire cette phrase étrange? Est-ce que le physique connaît? est-ce que la sensation ou même l'intelligence ignore l'étendue? Au fond c'est comme une tentative, nous pourrions dire un coup de pouce, pour amener la possibilité d'une transition d'un ordre à l'autre. C'est de là sans doute que M. Taine a déduit l'assertion que nous avons combattue ailleurs, aussi inacceptable mais plus franche et plus claire, que les corps et les sensations ne sont que les deux points de vue divers, sous lesquels l'âme considère les mêmes événements.

[1] *Rev. litt.*, 1869, n° 46.

Quelle est donc la grande objection qui empêche tant de personnes d'avouer que la sensation étant d'une nature absolument diverse du mouvement, réclame une cause absolument diverse et proportionnée à son effet? l'objection vraie est celle-ci : Nous ne voyons dans le corps d'un animal, comme dans tous les autres corps, autre chose que des molécules; ces molécules prises à part ne sont capables que de mouvement; donc l'ensemble ne peut produire que des mouvements, et il doit y avoir quelque moyen de réduire la sensation au mouvement. Telle est la pensée qui conduit au fond tant d'hommes, semblables à ce naturaliste dont Jouffroy dit très-justement: « comme tout ce qu'il a constaté d'une manière positive, tout ce qu'il a trouvé de certain, il l'a vu et touché, il finit par associer exclusivement aux perceptions de la vue et du toucher l'idée de certitude et par se persuader qu'on ne peut, qu'on ne doit croire qu'à ses yeux et à ses mains [1]. » Mais, en vérité, quel est le plus facile et le plus raisonnable de croire qu'une chose sort d'une autre qui n'a pas l'ombre d'un rapport avec elle, ou de croire qu'il y a des principes que nos sens ne saisissent pas?

[1] *Mélanges philosoph.*, p. 165.

Est-ce que ces ardents défenseurs de la matérialité universelle ne sont pas les mêmes qui nous démontrent scientifiquement toutes les méprises et toutes les contradictions de nos sens? Jamais les métaphysiciens n'ont été aussi sévères qu'eux pour ces instruments fondamentaux de la connaissance. Et ils voudraient que nous en fissions la seule base de toute certitude ! Est-ce que quelque fait nous autorise à penser que nous voyons tout ce qui est, et dans les choses vues tout ce qu'elles sont ? Quand on se trouve en présence de faits parfaitement connus, mieux connus peut-être dans leur nature intime que ne l'est le mouvement lui-même, et que ces faits sont d'un ordre tout à fait différent du mouvement, c'est une aberration singulière de vouloir à toute force les y ramener, sous le seul prétexte qu'il n'y a pas d'autre explication saisissable aux sens.

Il y a toutefois contre l'irréductibilité de la sensation deux objections mieux fondées en apparence et dont il est bon de dire un mot. La première est tirée de la régularité avec laquelle les sensations sont proportionnées aux mouvements qui les occasionnent. Il y a pour ainsi dire, selon la remarque d'Alexandre Bain, un équivalent de la sensation, comme il y a un équivalent de la chaleur : « Nous avons toute raison de croire, dit-il, qu'il y a parallèlement à toutes nos opérations mentales une série ininterrompue de phénomènes matériels... l'activité cérébrale, mesurée exactement comme nous mesurons les autres forces physiques, est dans un rapport défini avec l'activité mentale proprement dite [1]. »

Cet accord va si loin qu'on voit les manifestations intellectuelles paraître et disparaître suivant qu'arrive ou non au cerveau le sang qui nourrit son activité [2]. On peut même dire, après les belles expériences de M. Marey, que la pensée et la volonté ont une vitesse. Il faut un temps appréciable pour sentir un signal et pour y répondre, ou même simplement pour se décider entre deux mouvements. Ce temps varie suivant les personnes, et sa durée constitue ce qu'on appelle l'équation personnelle, circonstance nullement négligeable dans les opérations délicates, par exemple, dans les observations astronomiques. Ne peut-on induire de ces faits la nature de la sensation? Cet acte apparaissant dans toutes les expériences soumis exactement aux mêmes conditions que les phénomènes physiques qui l'accompagnent, n'y a-t-il pas là une

[1] *Rev. litt.*, 1869, n° 46.
[2] Paul Bert. *Rev. scient.*, 1870, n° 26.

présomption qu'il n'est lui-même qu'un résultat de ces phénomènes physiques ? A-t-on eu d'autres raisons de croire que la lumière et la chaleur ne sont que des mouvements ?

Il est facile de répondre que la lumière et la chaleur s'expliquent par des mouvements parce qu'en ne les considérant que dans les corps externes, on enlève précisément l'élément qui pourrait être réfractaire à cette interprétation. Cette hypothèse, car ce n'est encore qu'une hypothèse, rend parfaitement compte de tous les faits qui se passent dans les corps et il y en a même qu'il serait difficile de comprendre d'une autre manière. Mais il en est autrement de la sensation qui, par sa nature, est absolument irréductible à un mouvement. La concomitance même la plus absolue ne suffit pas à établir l'identité ou le lien de cause à effet de phénomènes d'ailleurs disparates. Elle établit seulement l'existence d'un lien quelconque ; or ce lien, nous l'admettons, puisqu'à nos yeux les mouvements extérieurs sont la condition indispensable de la sensation, qui n'est qu'une sorte de réaction particulière contre eux. Il y a un principe spécial par lequel l'animal est apte à sentir et qui explique le caractère spécial de cet acte ; mais ce principe, capable de manifestations très-variées, n'est déterminé à une de ces manifestations que par l'influence d'un mouvement proportionné, comme le son d'un piano est déterminé par l'ébranlement des touches du clavier.

Chaque ordre de faits suit d'ailleurs ses propres lois. Le mouvement ébranle les centres nerveux, puis se résout en chaleur ou en action motrice ; la sensation de son côté amène l'attrait et l'attrait amène le désir. Mais il n'y a jamais mouvement sans qu'il suscite une sensation et jamais sensation sans qu'elle n'excite dans les éléments moléculaires du système nerveux le mouvement qui lui est parallèle.

Tout s'explique ainsi parfaitement sans avoir besoin de sacrifier aucun fait d'expérience ni aucune donnée intelligible. En ce sens nous accepterions volontiers ces paroles d'Alexandre Bain : « Lorsque nous parlons d'une cause mentale, d'un agent moral, nous avons toujours une cause à double face ; l'effet produit n'est pas l'effet de l'esprit seul, mais de l'esprit en compagnie du corps [1]. »

Seconde objection : il y a tout lieu de croire, dit-on, que la sensation n'est autre chose qu'une

---

[1] *Rev. litt.*, 1869, n° 46.

manifestation plus élevée de cet ordre de phénomènes qu'on appelle la vie. Entre la vie et la sensation la transition est tout à fait insensible. En descendant l'échelle des êtres vivants, nous trouvons les facultés sensitives, « de plus en plus affaiblies, ne donner lieu qu'à des phénomènes de plus en plus obscurs, jusqu'à disparaître enfin. On peut aller plus loin encore et retrouver jusque dans le besoin de mieux être qui fait chercher aux plantes la lumière, des traces bien obscures de cette volonté et de ce sentiment déjà si effacé chez l'amibe [1]. » Aussi une limite précise est-elle impossible à fixer entre le règne végétal et le règne animal. Souvent différentes espèces d'un seul et même genre sont rangées en partie dans le règne végétal, en partie dans le règne animal.... Un seul et même être présente pendant une partie de sa vie une constitution principalement végétale et pendant une autre partie une constitution éminemment animale [2]. Cette instabilité des limites des deux règnes ne semble-t-elle pas indiquer qu'il n'y a entre eux aucune différence essentielle ?

Cette objection ne prouve qu'une chose, l'incer-

---

[1] P. Bert. *Rev. scient.*, 1870, n° 26.
[2] V. *Rev. scient.*, 1872, n° 27, un article sur Ed. Hartmann. V. aussi Hæckel. *Hist. de la création des êtres organisés.*

titude et l'imperfection de nos connaissances. Ne pouvant saisir les actes de sensibilité en eux-mêmes, nous sommes réduits à en juger par des manifestations extérieures. Certains animaux donnent évidemment les mêmes signes qui accompagnent en nous la sensibilité ; nous devons-donc croire qu'ils sont sensibles. Mais dans les animaux inférieurs ces manifestations sont trop vagues, surtout trop difficiles à suivre, pour n'être pas sujettes à des interprétations très-diverses. N'a-t-on pas cru d'abord que les anthérozoïdes des cryptogames rejoignent les spores qu'ils doivent féconder par un mouvement volontaire ? cependant M. Rose, dans des observations délicates, n'a pu saisir la trace d'une direction choisie [1]. Tout mouvement spontané n'est pas par là même voulu ; ce qui fait la sensibilité, c'est cet acte intérieur par lequel nous percevons certaines apparences, nous jouissons, nous souffrons, nous désirons. Le véritable animal est l'être qui produit ces phénomènes intérieurs ; la plante est celui qui ne les produit pas. Mais les classifications de l'histoire naturelle ne peuvent être fondées que sur des faits apparents ; c'est pourquoi il est fort difficile de les mettre d'accord avec

---

[1] *Rev. scient.*, 1871, n° 36.

la réalité intime des choses, et il règne nécessairement une grande incertitude sur les limites des deux règnes, là où les conditions mécaniques de la sensibilité étant très-faibles, les manifestations de cette propriété sont aussi fort restreintes.

Cela n'empêche pas qu'au fond vivre et sentir ne soient deux faits de nature absolument différente. Personne ne confond le mal d'estomac avec les mouvements et les combinaisons qui constituent une digestion difficile. Le mal de dents n'a rien de commun avec l'afflux du sang qui enflamme la gencive. On conçoit parfaitement que l'un de ces deux phénomènes pût avoir lieu sans l'autre si nous étions dépourvus de sensibilité ; et nous possédons même des moyens de nous procurer pendant quelque temps cet état.

A nos yeux, la diversité qui existe entre la sensation et les phénomènes purement vitaux est de toutes la plus saisissable. Distinguer la vie des mouvements ordinaires ou la sensation de l'intelligence, ce sont choses assez délicates quand on en vient aux particularités ; mais la différence entre le fait vital, mouvement, échange de matière ou production de forme extérieure, et le fait intérieur de sensibilité qui l'accompagne saute aux yeux tout d'abord. Chacun voit qu'ils sont d'une autre espèce, ne sont pas observables par les mêmes moyens et ne se résolvent pas dans les mêmes éléments.

Aucun motif ne nous empêche donc d'affirmer que la sensation est un fait spécial, irréductible, supposant par conséquent dans l'être qui en est doué une force ou propriété particulière. Nous pensons que cette propriété appartient, comme la vie, à toute matière animalisée, s'y exerçant dans la mesure des conditions qu'elle rencontre. De même que pour la vie, nous croyons que cette diffusion n'est pas un obstacle à l'unité du fait sensible dans toute quantité de matière animalisée qui est réunie sous un même sujet. Nous expliquons ainsi la division à laquelle se prêtent certains animaux inférieurs, dont les morceaux continuent à vivre et à sentir à part. Chez les animaux supérieurs l'organisme fournissant certains organes spéciaux qui précisent la sensation, la faculté de sensibilité semble se concentrer sur ces organes. Mais il n'est nullement prouvé que les autres parties du corps ne conservent pas quelque sensibilité obscure qui se réveille dans l'état morbide, et plusieurs savants soutiennent que les tissus les plus dépourvus de nerfs, même les cartilages des os, peuvent devenir sensibles sous l'influence d'une inflammation exagérée.

VII

DU PRINCIPE DE L'INTELLIGENCE.

Au-dessus de la sensation, au-dessus de toutes les forces ou propriétés connues, apparaît l'intelligence dont l'homme est en possession. L'expérience directe ne nous montre aucune nature plus élevée que la nôtre.

La distinction de la sensation et de l'intelligence est fondamentale en philosophie ; elle a toujours été reconnue. Toutefois, dans ces derniers temps, les savants ont un peu confondu les choses en se servant du mot intelligence pour caractériser toutes les opérations des animaux qui ne leur paraissaient pas purement instinctives.

Malgré cette inexactitude de langage, tout le monde a le sentiment qu'il y a en nous deux ordres de faits parfaitement distincts ; d'un côté, imagination et sensation ; de l'autre, connaissances générales, abstractions et raisonnements.

Mais la science veut aller plus loin que cette vague opinion du vulgaire. Elle veut découvrir en quoi consiste au fond la différence qui sépare ces deux ordres de faits et si elle est essentielle ou seulement superficielle. Ici elle se heurte à des difficultés spéciales, parce qu'il n'y a guère de fait dans l'âme humaine qui ne soit complexe.

Un fait de l'âme exclusivement sensitif ou au contraire totalement dénué du concours des sens est chose à peu près introuvable. Toute classification des phénomènes d'après leur apparence générale a donc cet inconvénient qu'elle place dans l'un des deux ordres, l'intellectif ou le sensitif, des éléments qui appartiennent à l'autre, et que par conséquent elle favorise les objections de ceux qui cherchent à les confondre.

Que faire pour éviter ce danger ? chercher une caractéristique sûre à l'aide de laquelle on puisse analyser les faits et reconnaître la nature de leurs éléments.

La caractéristique la plus employée par les philosophes, c'est l'universalité des notions. Les scolastiques ont beaucoup appuyé sur ce caractère de la connaissance intellectuelle : « l'intellect, dit saint Thomas d'Aquin, ne connaît directement que les universaux [1]; » de lui-même « il ne connaît que les universaux et non les particuliers [2]. » — « La

[1] Intellectus noster non est directe cognoscitivus nisi universalium. (*Somme théol.*, I^e, 86, 1.)
[2] Intellectus est universalium non singularium. (*C. gent.*, 1, 44.)

sensation et l'intelligence connaissent toutes deux le même objet, mais les sens le perçoivent sous forme individuelle, tandis que l'intelligence le perçoit sous forme universelle [1]. »

Qu'entend-on par universel ? S'il ne s'agissait que d'une notion générale, c'est-à-dire qui puisse convenir à un grand nombre d'individus, l'universalité ne serait pas un signe distinctif de l'intellect étranger à la sensation. Il n'est pas probable en effet que l'animal n'ait pas des représentations générales des objets ; sans elles l'utilité de la mémoire serait nulle pour lui, car il ne pourrait appliquer ses expériences, si bornées qu'elles fussent, à des cas nouveaux toujours dissemblables en quelques points des précédents : « On croit donc avec raison, dit le P. Kleutgen, que les animaux doivent avoir des représentations par lesquelles ils reconnaissent diverses choses comme appartenant à la même espèce, à l'espèce qu'ils fuient ou recherchent instinctivement. On a appelé ces représentations images communes : *universalia sensûs* [2]. »

Vous objecterez que ces universaux sensibles n'éliminent que les plus grossières des conditions

---

[1] Liberatore. *Théorie de la conn. intell.*, p. 349.
[2] Kleut *Phil. scol. exp.*, t. I, p. 65.

individuelles. Il n'en est pas moins vrai que, si notion universelle signifie simplement notion générale, l'universel ne constitue entre les sens et l'intelligence qu'une différence de degré et nullement une différence essentielle.

Mais il est certain que les scolastiques, quand ils approfondissaient cette question, entendaient la chose un peu autrement.

Ils concevaient l'universel comme ce qui est dégagé des conditions particulières désignées par eux sous le nom de matière. Ces conditions étant ce qui donne aux êtres, objets de notre expérience, leur individualité ; le type de ces êtres, dégagé de cette sorte d'enveloppe inférieure, revêt nécessairement un caractère de généralité. Mais ils savaient très-bien qu'il y a des connaissances qui pour être individuelles n'en sont pas moins intellectuelles, telles que l'intuition de l'âme et de ses actes. Aussi, disaient-ils, que le particulier répugne à l'intellection, non point en tant que particulier, mais en tant que matériel [1]. Ils regardaient donc comme l'objet propre de l'intellect, ce type immatériel, cette essence qui est le fond de chaque

---

[1] Singulare non repugnat intelligi in quantum est singulare sed in quantum est materiale. (S. Th. *Somm. theol.* I*, 86, 1.)

chose[1], en d'autres termes, la *quiddité*[2], et, d'après leur théorie, l'esprit n'abstrait pas précisément la quiddité en la séparant tout d'abord expressément des caractères individuels, mais en la percevant par une faculté propre, en même temps que le sens produit la représentation de l'individu. Elle est par là même obtenue dans des conditions spéciales, qui permettent de l'envisager à part, l'opération de l'esprit ayant été perceptive en elle-même et abstractive par voie de conséquence.

Mais si nous nous plaçons sur ce nouveau terrain, voici une autre difficulté : Quels sont en fait ces types que l'âme perçoit ? on ne sait comment les indiquer. Les scolastiques conviennent eux-mêmes que nous ne connaissons point les formes ou types substantiels. Quant aux essences rationnelles, objets de nos définitions, elles sont toutes composées de caractères extérieurs et ces caractères, si on en pousse l'analyse jusqu'au dernier degré, sont tous des phénomèmes purement sensibles, couleur, son, odeur, etc., ou dérivés de ceux-là. Aussi le P. Kleutgen, bien que scolastique décidé, est-il obligé de convenir que nous

---

[1] Objectum intellectus est ipsa rei essentia. (S. Thom. *Q. disp. de mente*, 4, 1.)

[2] Quod intellectus intelligit est quidditas quæ est in rebus. (S. Thom. *Comment. de anima*, l. III, leç. IV.)

ne percevons immédiatement aucune essence [1].
Que devient dès lors le caractère propre de l'intelligence ? N'est-elle pas réduite à la faculté d'analyser les données sensibles et de raisonner sur elles ? Et comme l'analyse et le raisonnement ne sont au fond que des rapprochements et des séparations d'idées, et que l'imagination peut avoir aussi ses rapprochements et ses séparations, où est la différence fondamentale ? Qu'est-ce que l'homme peut faire que l'animal ne puisse faire à aucun degré ?

Le P. Kleutgen dit que pour analyser et raisonner il faut réfléchir, et pour réfléchir se replier sur soi-même. Or comme l'intelligence existe seule en soi et pour soi [2], il pense qu'elle a seule le privilége de cette éminente opération [3]. Le sens ne peut se connaître lui-même ; il ne peut donc connaître son opération ni réfléchir sur elle [4].

Mais le savant religieux avoue en même temps que le sens se réfléchit aussi sur lui-même dans une certaine mesure. Comment nier en effet qu'il ne se sente sentir ? Il appelle ce mode de réflexion

[1] T. I, p. 52.
[2] T. I, p. 222.
[3] T. I, p. 220.
[4] Nullus sensus seipsum cognoscit nec suam operationem. (S. Th. *C. gentes*, 2, 66, ad 4.)

actu exercito [1], comme qui dirait implicitement. Je demande quelle distinction essentielle on peut concevoir entre faire une chose implicitement et la faire explicitement. Ici encore je ne vois qu'une différence de degré.

La vraie caractéristique de l'intelligence n'est pas là. Elle n'est pas dans tel ou tel usage que l'âme fait des données qu'elle possède, usage qui peut être commun à plusieurs facultés. Elle est dans la nature même de ces données.

Si nous considérons avec soin les éléments qui constituent une essence, nous trouvons, il est vrai, que toute essence est caractérisée par des données sensibles, parce qu'aucune essence n'est connue en elle-même ; mais d'où nous vient la notion même d'essence, l'idée de grouper certains faits sensibles de manière à caractériser un être ? Elle vient évidemment de ce que nous avons l'idée d'être, que nous savons ce que c'est qu'un être, bien que, comme nous l'avons vu précédemment, il nous soit impossible d'employer cette notion sans la déterminer par un caractère sensible.

Tous les philosophes spiritualistes sont d'accord que l'idée d'être n'est point une notion sensible. Les scolastiques, en particulier, l'ont toujours

---

[1] Kleut. T. I, p. 220.

regardée comme le fruit propre de l'intelligence. L'intellect saisit avant tout l'être lui-même, disait saint Thomas [1]. L'être, répétait Suarez, est l'objet adéquat de l'intellect considéré en lui-même [2], et un jésuite contemporain définit excellemment l'intelligence en disant que penser, c'est considérer les rapports de l'être [3].

Voilà donc comment l'intelligence a en propre de considérer les essences ; ce n'est pas que les données qui caractérisent l'essence, telle que nous la connaissons, lui appartiennent exclusivement, c'est qu'elle seule possédant l'idée d'être peut avoir la pensée de se servir de ces données pour définir des êtres.

C'est ainsi qu'elle élève les faits sensibles à la hauteur de l'idée [4], qu'elle répand sur eux une lumière pour ainsi dire divine [5], et leur donne une portée que la nature purement sensible ignore absolument.

---

[1] Intellectus per prius apprehendit ipsum ens. (*Somme théol*,. I*, 16, 4.)

[2] Objectum adæquatum intellectus nostri secundum se considerati est ens in tota latitudine sua spectatum. (*De Anima*, l. IV, ch. i.)

[3] Le P. Bonniot. *La bête*, question actuelle, p. 17.

[4] *Maine de Biran*, t. II, p. 103.

[5] Lumine intellectus agentis cognoscuntur per species a rebus abstractas. (S. Th. *De Magistro*.)

A cela, les positivistes objecteront que l'idée d'être est comme toutes les autres une notion abstraite des sens. Ils pourront se prévaloir de ce fait, que nous avons reconnu nous-mêmes, que l'idée d'être n'a d'autre origine que la notion d'existence individuelle qui accompagne chaque sensation. Pourquoi, diront-ils, attribuer à deux facultés distinctes des notions aussi étroitement solidaires ? nous ne connaissons aucune sensation qui ne nous donne l'idée de quelque chose d'existant, ni aucune affirmation qui ne dérive de près ou de loin de quelque sensation ; il y a donc lieu de penser que toutes ces données entrent dans notre esprit par le même chemin.

Je dois avouer que quelques scolastiques prêtent appui, contre leur intention bien connue, à cette théorie, car ils enseignent que l'acte de sensation contient par lui-même un jugement. C'est l'opinion exprimée par les continuateurs de Suarez dans le *de Anima* [1] ; et récemment le P. Matthæo Liberatore la renouvelait, en affirmant que par la sensation nous connaissons l'existence actuelle [2]. On ajoute, il est vrai, que le jugement contenu dans la sensation n'est qu'implicite, mais cette distinc-

---

[1] *De Anima*, liv. III, ch. vi.
[2] *Th. de la conn. intell.*, p. 132.

tion, nous le disions tout à l'heure, ne saurait constituer une différence fondamentale et définitive. Or la distinction de l'intelligence et des sens étant aujourd'hui très-attaquée, nous sommes obligé de ne laisser passer, sans un sévère examen, aucune assertion qui puisse être exploitée contre elle.

Considérons attentivement la différence de ces deux éléments que nous avons constatés ailleurs dans la perception sensible : la sensation et la perception de l'existence. Nous remarquerons que l'existence n'est perçue par aucun de nos sens en particulier ; elle est même perçue indépendamment d'eux, car elle s'associe aussi bien aux intuitions de la conscience qu'aux informations sensibles. D'un autre côté, elle ne fait partie de la forme d'aucune sensation. Elle n'est un élément constituant ni de la couleur, ni du son, ni de la saveur, etc.

A quel organe dès lors l'attribuer ? Quel mouvement l'occasionnerait, puisque chaque organe et chaque mouvement a, indépendamment d'elle, son effet propre et distinct ? Elle n'est donc point une sensation, car il est essentiel à toute sensation d'être une impression répondant à un mouvement. Qui voudrait dire que la perception de l'être répond à un mouvement quelconque ?

La différence sera plus frappante encore, si on

admet avec les physiologistes que les sensations sont des phénomènes subjectifs n'ayant aucune ressemblance avec leur objet extérieur. Comprenez-vous la perception de l'existence n'ayant aucune conformité avec son objet ? Ce serait une contradiction intrinsèque. Le propre de cet acte est précisément de représenter l'état de quelque chose qui subsiste en lui-même, indépendamment de ce qu'il est pensé. Si cette représentation est purement subjective, si l'état auquel elle se rapporte n'est point réel, ou si cette réalité n'a avec elle aucun rapport nécessaire, c'est un acte sans valeur qui se ment à lui-même et qui a perdu sa raison propre de subsister.

La perception de l'être se trouve donc dans l'acte sensible, non comme un élément intégrant de cet acte, mais comme un élément associé, bien qu'essentiellement divers en nature. Elle suppose par conséquent une faculté distincte, bien qu'agissant dans une union intime avec la sensation, union dont nous avons ailleurs expliqué le secret en montrant que l'action de la faculté sensitive est absolument indispensable à la détermination de la faculté intellectuelle.

Si l'on peut dire en quelque façon que la perception de l'être est un fait sensible, c'est seulement en ce sens qu'elle est un fait sensible par accident, c'est-à-dire un fait étroitement lié au fait sensible. C'est à ce point de vue que saint Thomas l'attribuait à la faculté sensitive, en ayant soin de remarquer qu'elle apparaît seulement dans l'homme en vertu de l'union établie entre la sensation et l'intelligence, union produisant une sorte de faculté mixte qu'il appelait force cogitative [1]. Il reconnaissait donc qu'elle ne dérive point de la nature de la sensation même ; et comment eût-il pu faire autrement, lui qui avait déclaré si souvent que le propre de l'intelligence est de connaître la vérité[2] ? L'existence de l'être, même de l'être individuel, n'est-elle pas une vérité ?

Une autre considération très-puissante vient à l'appui de la thèse que nous soutenons, c'est qu'en fait la sensation paraît pouvoir exister sans la perception de l'être, même individuel. L'homme évidemment ne peut imaginer un acte de sensation isolé, puisqu'il ne saurait le produire, pas plus que celui qui voit ne peut se représenter une étendue

---

[1] Vis cogitativa apprehendit individuum ut existens sub natura communi, quod contingit ei in quantum unitur intellectivæ in eodem subjecto, unde cognoscit hunc hominem prout est hic homo et hoc lignum prout est hoc lignum. (*Comment. de anim.*, l. II, leç. XIII.)

[2] Solus intellectus potest cognoscere veritatem. (*Comment. sur le* Perihermenias, l. I, leç. III.)

sans couleur, bien que l'aveugle-né ne connaisse que l'étendue tangible. Mais il y a les plus fortes raisons de croire que les animaux n'ont que la sensation pure et ne perçoivent point dans les faits sensibles une existence.

La distinction entre l'homme et l'animal a été très-controversée dans ces derniers temps. Un grand nombre d'anthropologistes pensent, avec Darwin, qu'il n'y a entre l'homme et l'animal qu'une différence de développement [1]. Ils montrent en effet dans les animaux des opérations correspondantes à toutes les opérations de l'âme humaine. Mais ils sont impuissants à expliquer comment les différences fonctionnelles entre l'homme et le singe le plus élevé sont si considérables, la différence des organes étant presque insignifiante [2].

M. de Quatrefages admet une différence essentielle et la place dans le sentiment religieux. On lui objecte avec raison que le sentiment religieux n'est nullement essentiel à l'homme ; il y a des hommes auxquels il est étranger. D'autres mettent la différence dans le langage articulé. C'est en effet la distinction apparente la plus pratique. Par le langage on distingue immédiatement du singe le

---

[1] *Rev. scient.*, 1871, n° 7.
[2] Procès verb. de la *Société d'Anthropologie*, 1868.

sauvage le plus dégradé. Mais cette distinction, précisément parce qu'elle est extérieure, ne saurait évidemment avoir par elle-même une valeur essentielle.

Les savants qui n'étudient que les faits extérieurs ne peuvent résoudre une semblable question. Les métaphysiciens de leur côté ne peuvent faire appel à l'expérience intime, car nous n'avons aucun moyen de constater directement ce qui se passe dans le cerveau des bêtes ; mais ils peuvent montrer facilement que l'hypothèse de la sensation pure dans l'animal, sans notion de l'existence, explique parfaitement tout ce qu'il a de commun avec l'homme et tout ce qu'il a de différent.

Nous avons déjà indiqué que l'on peut admettre dans l'animal certaines généralisations, un certain degré d'analyse, et même quelque raisonnement. Leibniz en convenait volontiers et il avait même inventé un terme pour caractériser cette espèce de raisonnement inférieur : « Les consécutions des bêtes, disait-il, sont une ombre de raisonnement, c'est-à-dire ne sont qu'une connexion d'imaginations [1] ..... il y a une liaison dans les perceptions des animaux, qui a quelque ressemblance avec la raison, mais elle n'est fondée que sur la mémoire

---

[1] *Nouv. ess.*, avant-propos.

des faits et nullement sur la ressemblance des causes [1]. »

On peut concevoir en effet que les animaux fassent avec les images tout ce que nous faisons avec des idées, qu'ils les séparent, les unissent, les enchaînent, n'en conservent dans la mémoire que certains traits plus fréquemment répétés. Voilà pourquoi le zoologiste observateur, les voyant agir pour les besoins de la vie comme nous le ferions nous-mêmes, s'imagine qu'il n'y a aucune différence essentielle entre eux et nous.

Mais la différence éclate dans la portée tout autre des mêmes opérations dans l'homme et cette différence est précisément celle que suppose l'intervention de l'idée d'être. Si l'animal n'a point l'idée d'être, s'il n'a que cette autre conséquence de la sensation qui est la jouissance ou la souffrance, il est naturel qu'il crie pour exprimer la douleur, mais qu'il ne parle pas, car parler suppose la faculté d'affirmer, de déclarer ce qui est. Il est naturel qu'il sépare les divers côtés d'une sensation selon les plaisirs ou les douleurs qu'il y attache, mais qu'il n'ait aucune idée d'analyser un être pour en découvrir la constitution. Il est na-

---

[1] *Principes de la nature.*

turel qu'il enchaîne des impressions qui le conduisent à un but sensible, mais qu'il ne puisse associer des jugements pour atteindre à une vérité. Il est naturel, en un mot, qu'il puisse acquérir une certaine expérience de la manière de pourvoir à ses désirs ou à ses besoins, mais qu'il soit incapable de science, de religion ou de moralité.

L'absence de l'idée d'être explique donc bien son infériorité ; et, si vous dites qu'il pourrait n'avoir point l'idée d'être dans sa pureté, bien qu'il considérât les individus comme existants, je réponds que s'il pouvait envisager même sa propre individualité à titre d'existence particulière, il posséderait dès lors un jugement fondamental, qu'une circonstance quelconque pourrait l'engager à considérer à part. Et comme tout s'enchaîne dans la vérité, tous les autres jugements pourraient venir à la suite : « Juger, dit le P. de Decker, c'est s'élever au-dessus des sensations, des imaginations et des appétits naturels, et il faut remarquer avec Bossuet que dès que, dans ce chemin, on a fait un pas, nos progrès n'ont plus de bornes [1]. »

Les plus éminents penseurs des temps modernes ont compris comme nous cette question. « On

---

[1] *Cours de philosophie.* Facult. intellect., ch. II, leç. III.

pourrait la résoudre, disait Kant, si on pouvait apercevoir ce qui constitue la faculté secrète au moyen de laquelle le juger est possible [1]. » Et Flourens déclare que l'homme seul sent qu'il sent, et pense qu'il pense [2].

L'Ange de l'école, au moyen âge, en jugeait de même : il refusait aux animaux la force cogitative par laquelle l'homme connaît l'objet comme tel objet subsistant dans sa nature propre, et ne leur laissait que la force estimative qui leur permet d'apprécier ce qui leur est favorable ou contraire [3].

Enfin Leibniz avait reconnu que la base de l'intelligence humaine est la perception de l'être comme tel, différente de toute perception sensible : l'entendement, disait-il, répond à ce que les Latins appelaient *intellectus* et l'exercice de cette faculté s'appelle intellection « qui est une perfection distincte [4]. »

Nous sommes donc fondés à admettre que l'intelligence, qui est le caractère propre de l'homme, est bien une faculté distincte, non-seulement

[1] *Log.*, trad. de Tissot, p. 276.
[2] Ravaisson. *Rapp. sur la phil. en Fr.*, n° 27.
[3] Æstimativa autem non apprehendit aliquod individuum, secundum quod est sub natura communi, sed solum secundum quod est terminus alicujus actionis vel passionis. (*Comment. de anima*, l. II, leç. xii.)
[4] *Nouv. ess.*, l. II, ch. xxi.

parce qu'elle s'élève à des hauteurs auxquelles la sensation ne peut atteindre, mais aussi parce qu'elle repose sur un fait radicalement différent, la perception de l'être enveloppé dans le fait sensible, mais qui n'est pas accessible à la sensation seule.

VIII

SUBORDINATION DES FORCES.

Nous croyons avoir prouvé que les forces qui se manifestent dans l'univers connu par nous sont multiples, et qu'on ne peut les réduire à moins de cinq, car on trouve cinq classes de faits irréductibles les uns aux autres. C'est un résultat important et que je crois, dans sa généralité, au-dessus de toute atteinte, parce qu'il est déduit des caractères essentiels des phénomènes observés. Il suffit à ruiner l'hypothèse matérialiste de l'unité de la matière et de la force. Si l'unité est exigée impérieusement par la raison comme point de départ de toutes choses, c'est évidemment en dehors de la sphère où atteint notre expérience qu'il faut placer cette unité.

Mais il est à remarquer que si les natures de forces que nous avons constatées sont distinctes, elles sont aussi subordonnées les unes aux autres, parce qu'aucune ne peut sortir son effet sans le concours des forces inférieures. Nous devons à la scolastique la profonde distinction de la force, simple puissance du sujet, et de la forme, qui, en la déterminant, la met à même d'agir [1]. Cette distinction est partout appliquée dans le monde. Ce n'est pas que chaque force, une fois déterminée à un ordre de faits, n'acquière dans le gouvernement de ces faits, précisément parce qu'elle a un fond qui lui est propre, une latitude plus ou moins complète selon sa nature ; mais aucune ne peut entrer dans un ordre de faits nouveaux, sans y être poussée du dehors, l'intelligence par la sensation, la sensation par le mouvement et la vie, la vie au moins dans une certaine mesure par les conditions du milieu. Les naturalistes ont donc raison en un sens de regarder les phénomènes des forces inférieures comme la condition nécessaire, la cause même à quelques égards, des phénomènes des forces supérieures : ils ne se trompent qu'en se refusant à reconnaître dans ceux-ci l'autre cause,

---

[1] Forma est quo agens agit. (S. Th. *Somme théol.*, I¹, q. 55.)

la puissance intime qui leur donne leur caractère propre et leur spontanéité.

Cette conception du monde conduit peut-être à réduire le nombre des cas où l'intervention créatrice a dû se manifester directement. Mais qu'y perd le spiritualisme? Rien ne se fait au hasard. Si donc Dieu a pu tirer tant de phénomènes variés d'un si petit nombre de forces, sa puissance infinie de calcul et de prévoyance n'éclate-t-elle pas dans une mesure d'autant plus grande que son action directe est plus rarement réclamée?

Comment a-t-il calculé les premières impulsions ou la première distribution des atômes pour que ceux-ci produisissent à la fois et les mouvements réguliers de la lumière et la marche des astres et les natures variées du règne minéral ? Tout s'y passe suivant des lois fixes et les dernières vibrations de la matière ont leur ordre et leur symétrie [1]. Ce n'est pas tout : il a fallu encore calculer les impulsions pour qu'elles produisissent en un temps marqué le milieu le plus favorable à la vie et à tel ou tel genre de vie. Le mouvement a dû aussi être dirigé de manière à exciter dans les animaux les sensations les plus favorables à leur conservation dans les condi-

---

[1] Magrini. *Rev. scient.*, 1867, n° 49.

tions qui leur étaient faites. Enfin il a dû préparer les circonstances qui devaient infléchir la liberté de l'homme suivant les desseins de la Providence par les dispositions des tempéraments et par les occasions offertes, de manière à ce qu'en définitive, suivant la belle pensée de Leibniz, les lois du mouvement servissent au meilleur gouvernement des esprits [1].

Ainsi, plus les forces qui constituent la vie de l'univers sont simples et peu nombreuses, plus le créateur a dû déployer de sagesse pour les disposer de manière à produire l'harmonie d'un tout si compliqué.

Mais voyez comme l'esprit humain est mal fait. Tantôt, c'est parce qu'il a cru remarquer quelques imperfections de détail, lui qui est hors d'état de connaître l'ensemble et par conséquent d'en juger, qu'il refuse de confesser dans l'univers l'œuvre d'un Dieu providence ; tantôt, c'est au contraire parce qu'il y trouve une telle régularité, qu'il se persuade que l'ordre du monde sort de la seule nature de la matière.

Pour qu'il en fût ainsi, il faudrait que cet ordre fût le seul concevable. Or, les plus hardis n'osent

---

[1] *Théod.*, part. 3, n° 247.

l'affirmer [1]. S'il y a plusieurs ordres possibles, il a fallu un choix et une intelligence pour faire ce choix.

Mais il est évident que cette intelligence n'est pas semblable à la nôtre qui modifie sans cesse ses desseins parce qu'elle est esclave de ses caprices et qu'elle marche en tâtonnant. L'intelligence divine voit tout d'un seul regard et veut tout par un seul acte. Toutes ses volontés avec leurs effets doivent donc s'enchaîner les unes aux autres dans une grande, unique et suprême volonté. C'est pourquoi son œuvre est stable, régulière et coordonnée, et, s'il y introduit quelqu'exception, ce ne peut être qu'autant que la nature du but réclame le caractère exceptionnel des moyens. L'immutabilité générale de l'œuvre est donc l'image, et comme la traduction de l'immanence absolue qui est le caractère propre de l'être suprême : Je suis le Seigneur et je ne change pas, dit-il de lui-même dans la Bible [2].

---

[1] P. Secchi. *De l'unité des forces physiques*, l. IV, ch. I. — Virchow. *Rev. scient.*, 1874, n° 30.

[2] Ego Dominus et non mutor. (Malachie.)

IX

DE LA MATIÈRE.

Telles sont les conclusions que nous a suggérées l'étude de l'idée de force. Il faut maintenant étudier la seconde des deux notions dans lesquelles se résume l'observation du monde, la notion de matière. Ici la science devient d'un assez faible secours, car si elle a réuni beaucoup de renseignements sur la force, elle n'en possède presqu'aucun sur ce second élément. Les savants croient volontiers, ainsi que nous l'avons indiqué, que la matière est spécifiquement une ; mais leur opinion n'est fondée que négativement sur ce que, après avoir fait abstraction de toutes les forces et de tous les mouvements, on ne peut plus rien distinguer dans le *substratum* qui leur sert d'appui. Nous verrons plus loin jusqu'à quel point on peut accepter cette manière de voir.

Pour approfondir l'idée de matière, nous sommes donc obligés de recourir à la métaphysique. Nous sommes ainsi amenés à l'étude de questions à la fois plus faciles et plus difficiles : plus faciles, parce que nous n'avons pas besoin pour les résoudre de recherches nombreuses et d'expériences compliquées, les éléments de la solution sont en nous-mêmes ; plus difficiles, parce que, l'expérience ne nous guidant plus que de très-loin, il faut y suppléer par un redoublement d'attention, et que l'attention aux notions abstraites est précisément ce qu'il y a de plus rare : « Les notions générales, dit Leibniz, qui devraient être les mieux connues de toutes, sont devenues par la paresse et la légèreté de l'esprit des hommes ambigües et obscures[1]. » Dans ce labyrinthe des idées abstraites, un seul guide absolument sûr se présente à nous, c'est le principe de contradiction. De même qu'il n'y a point de fait absolument certain en physique s'il n'a été expérimenté, de même il n'y a point de théorème absolument irréfragable en métaphysique, si la contradictoire n'est pas conçue comme impossible.

Quoi qu'il en soit, il faut aborder maintenant cette région des notions métaphysiques, et d'abord il est indispensable de savoir clairement ce qu'on entend par ce terme de matière, point de départ de notre étude.

Les anciens ont appelé matière tout ce dont on

---

[1] *Réforme de la philosophie première.*

fait quelque chose et spécialement cet élément informe dont ils croyaient que l'auteur du monde s'était servi pour former les êtres.

Les scolastiques, admettant la création totale des substances, n'ont pu conserver à cette expression toute sa valeur ; mais ils ont appliqué le mot matière à ce quelque chose de mystérieux, à ce premier fond passif qui se retrouve dans tous les corps, quelle que soit leur nature.

Les savants d'aujourd'hui, fort étrangers à ces distinctions, appellent simplement matière les sujets étendus des forces qu'ils étudient.

Nous acceptons ce dernier sens pour le moment. Il en résulte que pour bien connaître l'idée de matière, telle qu'on s'en sert dans la science contemporaine, il faut éclaircir les deux notions dans lesquelles elle se résout : la notion d'étendue et la notion de sujet.

Certains savants semblent considérer ces deux notions comme identiques en fait. Ainsi M. Dubois Raymond soutient que des atômes inétendus ne pourraient être points de départ de force, par conséquent sujets [1]. C'est une singulière confusion entre les apparences sensibles et la conception

---

[1] *Rev. scient.*, 1874, n° 9

vraie et légitime des choses. Il est bien certain que toutes les forces matérielles, par conséquent accessibles aux sens, s'exercent dans l'étendue et que leur sujet nous apparaît comme étendu. Mais est-ce donc en raison de cette étendue qu'il est sujet ? nullement, car le sujet, s'il était connu, devrait expliquer toutes les propriétés dont il est le principe ; or on sait assez que l'étendue n'explique aucune force. Ce n'est donc point parce qu'il est étendu que le corps est sujet ; mais, suivant l'opinion de Leibniz et des meilleurs scolastiques, l'étendue est simplement une propriété du sujet au même titre que toutes les autres [1]. Telle est aussi notre pensée.

En quoi consiste cette singulière propriété, véritable énigme proposée à l'esprit métaphysique et qu'il n'a pu encore résoudre d'une manière sûre? C'est ce qu'il faut ici rechercher.

X

DE L'ÉTENDUE.

Rien n'est plus certain que l'étendue : nous la voyons, nous la touchons ; il nous serait impos-

---

[1] Lettre à Arnaud.

sible de révoquer en doute son existence. Elle est au fond de toutes nos sensations, et nous ne pouvons rien nous représenter d'une manière saisissable sans y supposer l'étendue. Bien plus, de grandes et belles sciences dont la clarté est un modèle sont fondées sur les propriétés de l'étendue. Cependant, si nous venons à étudier l'étendue en elle-même, nous nous heurtons à une contradiction fondamentale. L'étendue, en effet, nous apparaît comme essentiellement divisible : il en résulte que ses parties sont ou inétendues, ou divisibles aussi, et cela à l'infini. Or il est absurde que les parties donnent au tout ce qu'elles n'ont pas, et il n'est pas moins absurde qu'elles existent en nombre indéfini. « Tout nombre réel, dit Leibniz, est fini et assignable [1] » ; un nombre indéfini est simplement un nombre indéterminé et qui par conséquent ne peut exister comme tel.

Ces difficultés ont été très-exploitées par les sophistes grecs. Zénon en avait fait la base de son argumentation contre le mouvement. Socrate répondait en marchant : c'était alors la seule réponse possible et en tout temps la meilleure.

Les scolastiques ont tenté de grands efforts pour

---

[1] *Théodicée*, discours sur la conformité de la raison et de la foi, n° 70.

expliquer la notion de l'étendue en conciliant la raison et l'expérience. Ils admettaient que l'étendue est indéfiniment divisible, mais seulement en puissance[1]; ils concevaient, dans un espace quelconque, un nombre indéfini de parties, non séparées en fait et n'ayant point une existence actuelle isolée.

Ils croyaient par cette solution respecter le principe que l'indéfini en acte est impossible; mais leur hypothèse me paraît reposer sur une équivoque. On y confond la séparation matérielle des parties comme individus isolés, avec la distinction qui doit exister entre elles pour qu'elles servent à concevoir l'étendue.

Les scolastiques avouent eux-mêmes que les parties doivent avoir un ordre entre elles et être chacune hors de la partie voisine [2]. Elles existent donc réellement distinctes; Suarez le reconnaît expressément [3]. Dès lors, si elles sont en nombre indéfini, nous sommes, quoi qu'on dise, en pré-

---

[1] Omne continuum est unum actu et multiplex in potentia. (S. Th. *De Natura materiæ*, 9.)

[2] Ad hoc quod quantitas habeat positionem requiruntur tria.... secundo quod secundum hanc signabilitatem habeat partes inter se ordinatas, unam videlicet post aliam (S. Th. *De Predicamento quantitatis*, 4.)

[3] Partes continui quamvis sint unitæ distinguuntur realiter non solum quoad designationem ut quidam loquuntur, sed etiam quoad partialem entitatem uniuscujusque. (*Disp. mét.*, VII, sec. I.)

sence d'un nombre indéfini de réalités actuelles. La difficulté n'a été écartée qu'en apparence.

Cette difficulté qui arrêtait les scolastiques est peut-être susceptible aujourd'hui d'une solution plus approchée, et cela grâce aux progrès de la science, bien que la plupart des savants ne paraissent guère se douter du genre de secours qu'ils peuvent nous offrir en cette circonstance.

Nous avons vu, d'après les expérimentations faites par les physiologistes, qu'il n'y a aucune nécessité de supposer que nos sensations aient un rapport de ressemblance avec les objets externes. Mais d'où vient la notion d'étendue ? Est-ce d'une pure intuition ou d'une sensation ? D'une sensation évidemment, car sans les sens nous ne pourrions l'avoir, au moins dans la forme où elle nous apparaît : « la notion d'espace, dit Reid, ne semble pouvoir s'introduire dans l'esprit qu'à la suite de celle des corps [1]. » Or nous ne connaissons les corps que par les sens.

La notion de l'étendue est même différente suivant le sens par lequel elle a pénétré dans notre esprit. On distingue l'étendue tangible qui a trois dimensions et l'étendue visible qui n'en a que

---

[1] *Essais sur les facultés intell.*, p. 144.

deux [1]. Il faut que nous apprenions par l'expérience à établir le rapport de l'une à l'autre. Une certaine éducation physique est nécessaire pour reconnaître à la vue les objets les plus familiers au toucher et réciproquement [2].

A Dieu ne plaise que nous voulions en conclure, comme l'a fait Kant, dépassant la mesure, qu'il n'y a rien d'objectif dans la notion d'étendue [3]. Néanmoins les considérations précédentes nous mettent fort à l'aise. Si nous devons la notion d'étendue aux sens, il n'y a pas de raison de penser qu'elle nous représente l'état des corps plus exactement que toute autre donnée sensible. Nous devons donc rechercher, non comment cette donnée doit s'appliquer aux corps, mais quelle nature doivent avoir les corps pour la produire dans notre sensation.

A ce point de vue nous comprendrons qu'il n'est nullement nécessaire, pour que l'étendue nous apparaisse indéfiniment divisible, que la matière ait effectivement cette propriété. Il suffit de remarquer que tout acte de sensibilité est essentiellement multiple comme répondant à un ensemble de mouvements simultanés. L'ébranlement d'un seul point nerveux ne produirait pas dans l'organe un

---

[1] Reid. *Essai*, II, p. 147.
[2] W. Carpenter. *Rev. scient.*, 1872, n° 9.
[3] Critique de la raison pure, p. 37.

changement suffisant pour causer une impression appréciable. Si donc nous avons affaire à une sensation qui se compose d'un grand nombre d'impressions coexistantes, comme la vue et le tact, toute impression élémentaire que nous voudrons nous figurer sera nécessairement complexe, et si, en la décomposant, nous descendons au-dessous d'une certaine limite, l'impression cessera d'être saisissable, et nous ne trouverons plus rien, bien que nous soyons loin encore de la limite de la complexité réelle des mouvements qui occasionnent la sensation. Il faudra que l'imagination nous vienne en aide pour grossir la dernière partie qui alors apparaîtra divisible. Ainsi nous sommes dans l'impossibilité de sentir ou d'imaginer une partie simple.

Mais que supposent ces phénomènes dans la matière objective ? Ils supposent seulement que le nombre des derniers éléments des corps soit supérieur à la limite que nos sens peuvent apprécier [1].

Voyez ces blancheurs qui brillent çà et là dans le ciel. Ce sont des soleils séparés par des espaces

---

[1] Sensus autem de continuitate accusata judicare omnino non possunt, cum minima intervalla sub sensus non cadant. (Boscowich. *Philos. naturalis theoria*, p. 80.)

énormes ; cependant leur multitude et leur éloignement les font apparaître à nos yeux comme des taches uniformes. De même les derniers éléments de la matière semblent à nos sens un tout continu, parce que leur nombre et leur petitesse échappent à nos efforts pour les distinguer.

Leibniz est, je crois, le premier qui ait émis l'opinion que l'étendue réelle des corps ne consiste que dans la multiplicité et dans l'ordre de leurs éléments : « L'étendue, disait-il, est un ordre de coexistences... Pour avoir l'idée de la place et par conséquent de l'espace, il suffit de considérer ces rapports et les règles de leur changement sans avoir besoin de se figurer ici aucune réalité absolue [1]. » Malheureusement Leibniz a plutôt indiqué que développé sa manière de voir. Il a légué un sujet de réflexion à la méditation des philosophes, plutôt qu'il n'a présenté une théorie complète.

Cette théorie a été formulée par un célèbre jésuite, le P. Boscowich : « Nous ne devons point, disait ce savant, nous figurer les points matériels d'après les idées que nous fournissent nos sens, mais seulement d'après la réflexion [2]. » Il n'ad-

---

[1] Lettre à Clarke.
[2] Quamobrem ad concipiendum punctum indivisibile et inextensum non debemus consulere ideas quas immediate

mettait donc aucun continu réel [1] tel que les sens nous le représentent, mais seulement des points inétendus et indivisibles dispersés dans le vide [2]. Aucun de ces points ne toucherait l'autre, car deux points indivisibles se touchant n'en feraient plus qu'un [3], mais ils seraient séparés par des intervalles susceptibles d'augmentation ou de diminution.

Tel est le point fondamental de la théorie de Boscowich. Bien que cette théorie déroute absolument toutes les habitudes de notre esprit, elle est si rationnelle, qu'elle a été adoptée par plusieurs mathématiciens [4], et entre autres par l'illustre Cauchy.

On croira peut-être qu'en refusant l'étendue continue aux corps, Boscowich l'a mise dans le vide où il place les atômes et dans les intervalles qui les séparent. Ses expressions sembleraient en effet se prêter à cette interprétation ; mais il a soin

per sensus hausimus, sed eas nobis debemus efformare per reflexionem. (*Philos. natur. theoria*, p. 67.)

[1] Continuum nullum agnosco coexistens. (*Id.*, p. 71.)

[2] Prima elementa materiæ mihi sunt puncta prorsus indivisibilia et inextensa quæ in immenso vacuo ita dispersa sunt ut bina quævis a se invicem distent per aliquod intervallum, quod quidem indefinite potest augeri vel minui. (*Id.*, p. 4.)

[3] Cum duo continua indivisibilia et inextensa haberi non possint sine compenetratione et coalescentia quadam in unum. (*Id.*, p. 25.)

[4] P. Carbonelle. *Études relig.*, mars 1870.

de la repousser expressément. Le vide continu n'est à ses yeux qu'une donnée imaginaire [1]. Quant aux intervalles entre atômes, il entend désigner par là non un espace interposé, non une étendue quelconque, mais des relations réelles, bien que cachées à notre esprit [2], existant entre les atômes et établissant entre eux, non point un ordre purement idéal ou logique, mais un ordre physique fondé sur leur nature et leurs rapports réciproques [3].

Ces rapports sont réglés par les forces attractives et répulsives dont nous avons parlé ailleurs et qui fixent l'équilibre des atômes. Ils ne sont à vrai dire qu'une application et un mode d'exercice de ces forces. Ils sont l'expression actuelle et pratique du lien établi par le créateur entre les éléments de la matière, lien qui peut se resserrer ou s'étendre

---

[1] Nec spatium reale mihi est ullum continuum sed imaginarium tantummodo. (*Phil. nat. theor.*, p. 71.)

[2] Consequitur nec absolutas distantias nec immediate cognoscere omnino non posse. (*Phil. nat. theor.*, p. 320.)

[3] Spatium constat per me non solis punctis, sed punctis habentibus relationes distantiarum a se invicem : eæ relationes in mea theoria non constituuntur a spatio vacuo intermedio, quod spatium nihil est actu existens, sed est aliquid possibile a nobis indefinite conceptum, nimirum est possibilitas realium modorum localium existendi cognita a nobis secludentibus neste omnem hiatum ; constituuntur a realibus existendi modis qui realem utique relationem inducunt, realiter et non imaginarie tantum diversam in diversis distantiis. (*Id.*, p. 190.)

suivant que l'attraction ou la répulsion domine.

Ainsi la matière n'est étendue que parce qu'elle est à la fois active et passive [1], parce que chaque partie subit une action de la part d'autres parties et exerce une action sur elles, et cela dans un ordre fixe, bien qu'il puisse changer suivant certaines lois, de manière que chaque partie agit immédiatement sur un nombre déterminé de parties qu'on appelle voisines et médiatement par elles sur toutes les autres.

On voit que les scolastiques avaient approché de la vérité, quand ils avaient affirmé que l'étendue est la première manifestation de la matière ou puissance passive actualisée par la forme ou puissance active [2]. En effet, sans action et passion réciproque, il n'y a plus de base au fait de l'étendue. C'est là ce qui distingue la coexistence des corps de la coexistence des esprits, et fait que la première seule engendre la notion de l'espace.

Si une semblable théorie n'explique pas d'une manière adéquate l'étendue sensible, parce qu'elle ne peut tenir compte des conditions particulières

---

[1] V. Leibniz, édit. de Foucher-Careil, t. I, p. 208.

[2] Sciendum est ergo quod dimensiones omnes sunt accidentia quæ sequuntur materiam in ordine ad formam quam primo materia nata est induere. (S. Th. *De Nat. mater.*, 6.)

fournies par les sens dans toute sensation, elle explique suffisamment, dit Boscowich, le mode de continuité existant entre les êtres réels [1].

Explique-t-elle le continu mathématique? Il faut reconnaître qu'elle ne lui est pas applicable directement ; mais elle peut servir à l'expliquer indirectement, si l'on fait attention qu'en entrant dans le monde des mathématiques, on sort du réel et du concret pour entrer dans le domaine du possible. Toute la géométrie est une science idéale [2] ; les mathématiciens reconnaissent eux-mêmes que les figures réelles ne sont que des approximations de leur type idéal.

Or dans l'idéal le champ est ouvert aux possibilités [3]. Nous pouvons donc, en considérant l'étendue idéale, supposer dans toute portion de matière autant d'atômes que nous jugerons convenable, rien dans la nature des atômes ne limitant leur multiplication. L'étendue idéale est donc conçue

---

[1] Porro si quis dicat puncta inextensa et hosce existendi modos inextensos non posse constituere extensum aliquid, reponam facile non posse constituere extensum mathematicum, sed posse extensum physice continuum quale ego unicum admitto. (*Phil. nat. theor.*, p. 190.)

[2] Geometria tota imaginaria est et idealis. (*Phil. nat. theor.*, p. 191.)

[3] In existentibus limes est semper certus, certus punctorum numerus, certus intervallorum ; in possibilibus nullus est finis. (*Id.*, p. 309.)

comme pouvant contenir un nombre indéfini de parties, par conséquent comme indéfiniment divisible. On ne pourrait même objecter qu'un espace comprenant un plus grand nombre d'atômes serait par là même conçu comme plus grand, car toutes les grandeurs que nous connaissons ne sont que relatives et il suffirait de supposer une égale multiplication dans les atômes de toutes les parties de l'univers, pour que les relations des grandeurs ne fussent pas changées.

L'étendue idéale nous offre ainsi à un autre point de vue, comme une vérité abstraite, la divisibilité indéfinie, que l'étendue sensible nous offrait comme une apparence.

La théorie de Leibniz et de Boscowich rend donc raison d'une manière satisfaisante de tous les caractères que présente la notion d'étendue. Je n'oserais dire toutefois qu'elle est absolument démontrée, car elle ne peut être vérifiée par l'expérience directe et il n'est pas prouvé que toute autre interprétation soit impossible. Mais on peut affirmer qu'elle est la seule solution sérieuse et complète qui ait été présentée de la singulière antinomie que la notion de l'étendue contient en elle-même. Elle a donc un haut caractère de vraisemblance, et, si elle est acceptée, il devient plus impossible que jamais de considérer l'étendue comme identique à l'essence de la matière ou d'un sujet quelconque, puisqu'elle n'est en définitive qu'une conséquence du mode de balancement des forces élémentaires.

XI

DU SUJET ET DE L'ESSENCE.

La notion d'étendue étant écartée et ne pouvant être considérée comme l'essence des corps, il ne nous reste pour atteindre le dernier fond des choses qu'à creuser l'idée de sujet.

Que peut être un sujet après les forces, après l'étendue ? nous n'en pouvons rien savoir par l'observation; nous ne prétendons pas non plus fournir d'aucun sujet une notion adéquate. Mais de même que dans chaque être nous connaissons le sujet par les faits qui le manifestent, de même, comme nous l'avons déjà objecté au scepticisme de M. Huxley, nous pouvons induire ce qu'il doit être pour que les faits soient tels qu'ils nous apparaissent.

On appelle ordinairement sujet l'individualité permanente où se passent des faits variables liés entre eux quant à l'être. En ce sens c'est un synonyme du mot substance, quand on donne à ce mot son acception la plus étendue. Mais le sujet peut n'être pas seulement substance, il peut être en même temps cause, c'est-à-dire produire lui-même les manifestations dont il est le théâtre ; nous verrons même par la suite qu'en réalité tout sujet est cause, et c'est comme cause surtout que nous aurons à le considérer ici.

Enfin la cause, même lorsqu'elle n'est pas substance, est souvent désignée par le mot sujet. Mais cette acception n'est employée qu'en logique et en grammaire, où l'on appelle sujet celui qui fait l'action ; nous n'avons pas à nous en préoccuper.

Nous nous sommes expliqué dans la première partie sur l'origine des idées de substance et de cause, puisée dans la connaissance d'un sujet qui est à la fois substance et cause, notre propre personnalité active et vivante. Nous avons vu comment la connexion essentielle de ces notions avec des faits d'expérience intime nous autorise à les appliquer avec une complète certitude aux faits du monde extérieur, bien que nous ne connaissions de ceux-ci que la surface. Il s'agit maintenant de préciser avec exactitude à quelle réalité répond la notion de sujet.

Constatons avant tout que le sujet est autre chose que le fait qui le suppose. C'est une assertion incontestée, si l'on veut dire non que le fait est un autre être, ce qu'aucun métaphysicien n'a jamais prétendu, mais simplement qu'il est dans l'être quelque chose de particulier, qui a un caractère propre et pour ainsi dire un signalement spécial.

Au moyen âge on appelait le fait accident, pour le distinguer de la partie fixe et intime de l'être, mais on avait soin de marquer que l'accident forme avec le sujet un seul tout où ne se trouve aucune distinction substantielle [1].

Quand le sujet est purement substance, il n'y a rien autre à considérer que ce sujet et le fait qu'il subit; mais quand il est actif, on trouve un troisième terme, dont nous avons dit un mot précédemment. Ce terme c'est l'action, l'énergie, en employant ce mot dans son acception la plus étendue ; non pas l'énergie considérée dans sa source qui tient au sujet lui-même, mais l'énergie en exercice, c'est-à-dire considérée comme opération dans l'acte même du déploiement de force.

L'opération, remarque Suarez, n'est ni la cause

---

[1] Qui et ea quibus constat non distinguuntur supposito. (Suar. *Disp. met.*, disp. IV, sect. III.)

productrice, ni la chose produite [1]. Elle n'est point la cause productrice, puisque cette cause peut ou ne pas agir, ou produire des opérations diverses ; elle est distincte également du fait envisagé comme tel, alors même que ce fait reste tout intérieur, autrement elle ne produirait rien, ce qui serait inconcevable [2]. Elle est le moyen terme entre la cause et l'effet [3], l'effort par lequel la cause constitue l'effet et en même temps la dépendance physique et active de l'effet vis-à-vis de la cause [4]. Elle est le passage de l'un à l'autre, la production de l'un par l'autre; c'est à ce titre qu'elle a un caractère propre qui n'appartient ni au sujet, ni au fait, mais qui est un élément essentiel de la causalité et de la vie. Principe, opération, effet, supprimez l'un de ces trois termes, vous détruisez par là même la notion d'activité.

Toutefois, répétons-le, ces trois choses, quand il s'agit d'une opération immanente, comme celles de notre âme par exemple, restent dans le sujet et

---

[1] Non est res faciens neque res facta. (*Disp.* XLVIII, sec. I.)

[2] Impossibile est vel mente concipere veram productionem quin per eam aliquid sit productum. (*Disp.* XLVIII, sec. II.)

[3] Supponimus esse inter effectum et efficiens actionem mediam distinctam ex natura rei ab eis. (*Id., id.*, sec. IV.)

[4] Actio nihil est aliud in re quam specialis illa dependentia quam effectus habet a sua causa efficiente. (*Id., id.*, sec. I.)

vivent de sa substance ; c'est le sujet lui-même qui produit en soi une modification ¹ ; ce sont choses distinctes, mais non séparées ni séparables ², et si on les envisage séparément, ce n'est point pour démembrer l'individu en des entités imaginaires, mais seulement pour tenir compte des conditions diverses qui entrent dans sa constitution, afin de ne pas attribuer à une de ces conditions les conséquences qui se rapportent à une autre.

Au reste, les métaphysiciens de l'orient ont admis ces distinctions aussi bien que ceux de l'occident. Saint Jean Damascène dénomme avec une grande précision les trois termes que nous avons indiqués, le principe d'où part l'action, ἐνεργεία, l'opération elle-même, δύναμις, et le résultat obtenu, ἐνέργημα ³.

Ainsi le sujet n'est ni le fait, ni l'action ; il est ce qui produit le fait par l'action.

Mais est-il cela même? nous avons défini la force, avec beaucoup de savants, une propriété productrice de faits. Une telle propriété est bien le point de départ d'une action, en quoi peut-on la distinguer du sujet ?

---

¹ Liberatore. *Du composé humain*, p. 289.

² Res hoc modo distinctæ non sunt invicem disjunctæ neque separatæ consistunt. (Petau. *Dogm. th.*, l. I, ch. IX.)

³ Petau, l. V, ch. IV.

Nous répondrons avec les meilleurs métaphysiciens que le sujet comprend et fonde la propriété, mais qu'il n'est pas lui-même cette propriété.

Nous avons déjà touché cette question au début quand nous avons montré que la pensée n'est pas l'essence de l'âme, mais qu'elle est seulement la manifestation d'une capacité qui subsiste dans l'âme par un mode inconnu.

Ce que nous avons dit alors de l'âme s'applique à tous les sujets actifs. Dans tous, ôtez le fait et l'action, vous n'apercevez plus qu'une possibilité de produire cette action et ce fait. Est-ce tout en réalité ? M. Taine l'a prétendu ; mais il a oublié cette circonstance que la possibilité subsiste alors même qu'elle n'agit pas.

Le sens commun n'a aucun doute à cet égard et les preuves abondent.

Considérez par exemple cette singulière propriété que nous appelons la mémoire. L'âme, complétement ignorante au début, acquiert peu à peu des connaissances [1] et les conserve [2]. L'idée qu'elle s'est formée une fois, elle la reforme quand il lui plaît.

---

[1] Principio sumus intelligentes solum in potentia, postmodum efficimur intelligentes in actu. (S. Th. *Somme théol.*, 1ᵃ, 79, 2.)

[2] Intellectus secundum seipsum est conservativus specierum. (*Id.*, 5.)

Où l'a-t-elle conservée? Certains plis contractés par le cerveau, certains sentiers déjà tracés expliqueraient-ils la mémoire? Sans doute le cerveau est un instrument nécessaire de la mémoire sensible, l'image ne se produisant jamais sans un mouvement correspondant. Mais s'il en était la seule cause, en vertu même de l'inertie de la matière, il ne reproduirait les mouvements anciens que sous l'action de causes extérieures ou sous l'influence de troubles internes comme dans les rêves. Pour que la mémoire soit maîtresse d'elle-même et elle l'est, il faut qu'elle puisse réveiller de son côté le mouvement dont elle a besoin, et le pourrait-elle, si elle ne conservait secrètement une détermination à l'image déjà formée? Que dirais-je de la mémoire purement intellectuelle, de la mémoire de ces notions qui ne répondent à aucune image, ni par conséquent à aucun mouvement? Dira-t-on qu'elle est liée à des mots? mais ces mots eux-mêmes ne serviraient de rien sans le souvenir de la chose qu'ils signifient. La mémoire suppose donc un fond permanent toujours prêt à l'action, et où se conservent les possibilités qui ne sont pas actuellement en exercice.

La vie n'est-elle pas aussi une sorte de mémoire? Nous avons vu qu'elle n'a rien de mécanique, mais qu'elle consiste dans une propriété évolutive de la matière organisée. Eh bien ! cette propriété possède en germe tout ce qu'elle a produit dans des temps antérieurs. Renfermée dans un peu de protoplasma informe, elle peut ressusciter successivement tous ses états passés. Si les conditions sont défavorables, elle attend ; quand de meilleures conditions reviennent, elle reprend son œuvre où elle l'avait laissée, sans omettre aucun détail. Ne lui faut-il donc pas quelque sanctuaire permanent où elle garde les plans qu'elle devra mettre plus tard au jour ?

Si donc la possibilité d'agir subsiste même inactive, comment subsiste-t-elle ? Est-ce qu'il y a une autre manière de réaliser une possibilité que l'accomplissement de l'effet qui lui est propre ? L'existence d'une possibilité non réalisée, n'est-ce pas une contradiction dans les termes [1] ?

Cela existe cependant ; le point de départ de l'action se trouve à la fois réalisable par l'exécution de cette action et par ce mode intime inconnu dont nous avons parlé. Ces deux modes sont tellement divers que l'un des deux, le premier, peut se manifester par les déterminations les plus variables ; précisément parce qu'il répond à la possibilité con-

---

[1] Dicere ens actu sine actu quod implicat contradictionem. (S. Thom. *Somme théol.*, I*, 66, 1.)

sidérée comme telle, il est de soi indéterminé et ne passe à l'effet qu'après avoir reçu quelque détermination particulière ; l'autre au contraire est fixe, permanent, invariable comme l'espèce et l'individualité. Nous avons rappelé dans la première partie le passage où saint Thomas d'Aquin établit cette différence fondamentale. Eh bien ! le premier de ces modes répond à ce qu'on a appelé la propriété ou la faculté, et le second à ce qu'on appelle plus proprement le sujet ou l'essence. Le sujet diffère tout d'abord de la propriété comme une entité actuelle d'une simple aptitude.

Autre différence : souvent un sujet unique renferme en lui plusieurs facultés.

Nous avons compté dans la nature au moins cinq forces irréductibles l'une à l'autre ; beaucoup d'individus développent à la fois plusieurs de ces forces.

Il y a eu, je le sais, dans les derniers temps une tendance des philosophes à multiplier les sujets autant que les forces. On a d'abord séparé l'âme intellectuelle, par le très-louable motif d'assurer sa distinction d'avec le corps. Les raisons mises en avant à cette occasion ont conduit à attribuer aussi une âme substantiellement distincte aux êtres sensibles. Quelques-uns ont été jusqu'à l'âme végétative, et nous avons vu Mayer se laisser aller à considérer la force même matérielle comme une entité spéciale. Toutes ces hypothèses peuvent être commodes et faciliter pour l'esprit certaines conceptions, mais elles ont le grand tort d'être inconciliables avec les faits.

Prenons pour exemple l'homme qui résume dans sa nature complexe toutes les forces connues. Si vous reconnaissez en lui deux sujets, deux entités distinctes, où établirez-vous la limite entre elles deux ?

Sera-ce après l'intelligence pure ? non, car la conscience qui émane évidemment de l'intelligence domine aussi les sens. Et on ne peut nier que tout ce qui est sous l'œil de la conscience n'appartienne au même individu.

Mais où s'arrête la conscience ? ceci est très-difficile à fixer.

Il y a des régions de la vie où elle n'apparaît pas ordinairement et où cependant elle se manifeste avec force dans des conditions spéciales. Quelle douleur causent certaines maladies dans des parties que nous connaissons à peine à l'état ordinaire ! nous avons vu que les os mêmes, suivant quelques physiologistes, peuvent en être affectés.

D'un autre côté, la conscience fait souvent défaut là où nous la croirions le plus indispensable.

Comment, par exemple, avons-nous appris à marcher ? évidemment par une expérience acquise. Dans sa première enfance l'homme ne sait pas marcher ; mais qui a conscience de l'avoir appris ? Qui peut savoir comment il est arrivé à coordonner des mouvements musculaires dont il ignore même l'existence [1] ? à l'âge d'homme, nous gouvernons toute cette machine sans même nous en apercevoir. Un acte de volonté la met en mouvement, et elle suit spontanément jusqu'à ce qu'un autre acte de volonté l'arrête. Ce qui est vrai du mouvement ne l'est pas moins de la perception sensible. Nous apprécions les objets sensibles par des raisonnements formés à notre insu. Des nuances que nous ne remarquons pas et que nous ne pourrions remarquer directement nous informent de la distance, de la grandeur et de la position des objets [2]. Enfin notre intelligence même travaille souvent d'une manière inconsciente. « Les inventeurs, artistes, poëtes ou mécaniciens savent communément que lorsqu'ils sont complétement arrêtés par quelque difficulté, le nœud se démêlera plus sûrement pour ainsi dire si l'on cesse complétement de s'en oc-

---

[1] Helmholtz. *Rev. scient.*, 1869, n° 27.
[2] *Id, ibid.*

cuper ¹. » On voit, par ces observations, combien la distinction du conscient et de l'inconscient est superficielle, et qu'elle ne peut servir à tracer une limite précise entre deux entités regardées cependant par beaucoup comme si distinctes.

Placerons-nous la limite après la sensation consciente ou non ? Mais nous voici conduit dans les profondeurs de la vie. Il n'y a dans les animaux presque pas d'action vitale qui ne s'accomplisse sous l'influence de centres nerveux qui doivent être considérés comme pourvus de sensibilité. Quelques-uns sont conscients, ceux que forment le cerveau ; mais dans toutes les autres parties du corps ces centres nous apparaissent comme inconscients ². Ils sont cependant sensibles et engendrent même habituellement une espèce de sensation sourde qui se traduit par un bien-être ou un malaise vague suivant que les fonctions s'accomplissent avec plus ou moins de facilité. « Il y a un équivalent de sensation pour la chaleur, les aliments, l'exercice, le son, la lumière. Il y a une modification définie de la sensibilité, une augmentation de plaisir ou de peine correspondant à une élévation de température de 10, 20 ou 30 degrés ³. » Cette sensation est si

---

[1] Carpenter. *Rev. scient.*, 1868, n° 43.
[2] Cl. Bernard. *Rapport sur la physiologie en France.*
[3] Alex. Bain. *Rev. litt.*, 1869, n° 46.

réelle qu'il suffit d'une légère augmentation ou d'un changement d'état pour la rendre distincte. La sensibilité est donc liée immédiatement à la vie. L'intervention des nerfs qui en sont les instruments est indispensable à l'exercice d'un grand nombre d'actes vitaux. La sensibilité et la vie animale naissent et meurent ensemble. Comment les attribuer à des sujets séparés ?

Admettrons-nous que l'âme comprend à la fois l'intelligence, la sensibilité et la vie, tandis que le corps représente de son côté les forces matérielles ? C'est l'hypothèse que paraissent accepter la plupart des spiritualistes contemporains. Mais les conclusions de la science expérimentale ne nous laissent point cette ressource. Elles conduisent en effet, nous l'avons déjà vu, à reconnaître que la vie est intimement liée à la matière organisée : « les propriétés d'ordre organique et vital sont consubstantielles, dit M. Robin, aux éléments anatomiques tant que persiste l'état d'organisation [1] », et le sage Cuvier dit lui-même : la vie suppose l'être organisé comme l'attribut suppose le sujet [2].

Ainsi, tout se tient dans l'être humain. Il y a continuité des fonctions supérieures aux plus

---

[1] *Rev. scient.*, 1870, n° 27.
[2] Robin. *Rev. scient.*, 1868, n 26.

basses [1]. L'intelligence se lie à la sensation, la sensation à la vie et la vie à la matière élémentaire. Il n'y a qu'une explication à un tel état de choses, c'est l'unité de sujet malgré la diversité des facultés. Cette unité est réclamée par les savants dont l'hypothèse d'entités distinctes gêne et déroute toutes les interprétations; elle représente l'opinion vulgaire qui n'a jamais conçu que le corps ne fît pas partie de ce que l'homme appelle le moi ; elle est admise enfin par tous les métaphysiciens les plus profonds, depuis Aristote jusqu'à Suarez, qui ont su trouver d'autres moyens de sauver l'ordre moral.

Ainsi, l'homme réunit plusieurs facultés sur un même sujet et l'on en peut dire autant de la plupart des êtres de la création. Seconde raison de conclure que le sujet est distinct des facultés qu'il supporte. C'est un axiôme partout applicable, qu'une chose ne peut être identique à plusieurs qui ne sont pas identiques entre elles. C'est pourquoi Suarez enseigne expressément que la multiplicité des facultés manifeste et prouve une distinction entre elles et le sujet [2].

Enfin nous pouvons encore nous appuyer sur une

---

[1] Ravaisson. *Rapp. sur la phil. en Fr.*

[2] Hæc multitudo et varietas proprietatum requirit unam formam in qua omnes uniántur. (*Disp. met.*, disp XV, sec. I.)

raison plus profonde, c'est la distinction essentielle qui existe entre l'activité et l'être. L'être a pour caractère propre la stabilité, la constitution d'une chose dans son identité [1]; l'action au contraire, ainsi que nous l'avons vu, suppose le mouvement, le passage d'un terme à l'autre. L'être confère la perfection du premier degré, l'action confère la perfection du second degré [2]. Ces deux notions sont parallèles et s'opposent, ce sont comme deux attitudes diverses ; il s'ensuit que la possession de l'une n'implique point nécessairement l'aptitude à l'autre. Alors même que toutes les autres distinctions seraient nulles, la faculté s'opposerait encore au sujet par ce côté-là. Le sujet n'eût-il qu'une action possible et cette action eût-elle un résultat parfaitement semblable à lui-même, comme il arrive par exemple dans la communication de la vie, qu'on devrait encore distinguer en lui la possession de l'existence et la faculté d'agir.

Mais qu'est donc proprement le sujet s'il faut en retrancher la force, la propriété, la faculté ? quelle notion saisissable est-il possible d'en donner ?

Ne serait-ce pas simplement l'être déterminé et

---

[1] *Disp*, *met*. disp. XXXI., sec III.
[2] Sicut esse et natura rei consideratur secundum primam perfectionem, ita operatio secundum perfectionem secundam. (S. Th. *C. gent.*, 2, 46.)

individualisé par les facultés mêmes qu'il supporte ?

Je crois que beaucoup de modernes l'entendent ainsi. Ont-ils raison ? Cela dépend de la valeur que l'on attache à ce mot être. Si par être on désigne le premier fond substantiel qui se rencontre en toutes choses, oui, cet être est le sujet ; c'est alors la même notion que les scolastiques indiquaient par le mot essence. Mais cette essence n'a pas toujours existé ; elle peut cesser d'exister, comme l'atteste l'expérience. On ne voit d'ailleurs aucune raison nécessaire pour qu'elle soit, puisqu'on peut la concevoir non existante [1]. Voici donc deux états à distinguer : l'essence, ou le fond substantiel, conçue comme simple possible et cette même essence conçue comme réalisée. Si vous donnez à l'essence le nom d'être, quel nom donnerez-vous au fait de sa réalisation ? C'est précisément ce fait, ainsi que nous l'avons vu ailleurs, que les scolastiques appelaient l'être. « L'être, disait saint Thomas, est l'actualité de toute forme et de toute nature [2] » ; et il distinguait

---

[1] Non est de essentia creaturæ habere actualem entitatem essentiæ. (Suar. *Disp. met.*, disp. XXXI, sec. vi.)

[2] Esse est actualitas omnis formæ vel naturæ. (S. Th. d'Aq. *Somm. théol.*, I*, 3, 4.)

soigneusement cette notion de celle d'essence, parce que la circonstance d'exister étant la même dans tous les sujets est nécessairement distincte de chacun d'eux et peut être considérée à part.

Libre assurément aux modernes d'employer une autre terminologie ; mais ils ne peuvent se dérober à la nécessité de distinguer des choses distinctes. Or il est manifeste que l'être au sens scolastique, et nous avons établi que c'est en définitif le sens primitif et expérimental de ce mot, ne pourrait servir seul à remplir le rôle de sujet. Que signifierait-il en effet appliqué aux propriétés ? uniquement qu'elles sont réalisées. Mais nous avons vu que cela pourrait se dire aussi bien de leur réalisation par la production de l'acte ; on ne distinguerait donc point ainsi l'autre mode de réalisation qui les met dans un sujet. Cela n'expliquerait non plus en aucune façon leur union dans un individu commun. Seraient-elles plus unies parce qu'elles auraient l'existence, si rien ne les unissait d'ailleurs ? Il faut donc dans le sujet autre chose : quelque chose que vous appellerez l'être, si cela vous plaît davantage, mais que j'aime mieux appeler essence pour bien marquer que, si son rôle connu est d'être, cependant il peut manquer à ce rôle, si une circonstance particulière ne l'a fait passer de la puissance à l'acte, à peu près comme la propriété passe elle-même à son opération [1].

Voilà donc le résidu dernier de cette analyse de la notion de sujet : l'essence, une chose tout à fait cachée [2], à laquelle on ne peut appliquer aucune idée connue puisqu'elle est totalement en dehors de l'expérience, mais qui est nécessairement supposée par tout ce que nous connaissons. Ne l'appelez ni l'intelligence, ni la volonté, ni la force, ni l'être, résignez-vous à n'en rien dire, ou à dire, comme Leibniz, « qu'elle est dans la chose, mais qu'elle ne peut servir de patron [3]. » Ce sera déjà beaucoup de l'avoir dégagée de toutes les idées connues, afin de n'être pas tenté de raisonner sur elle comme si nous la connaissions.

Je me trompe cependant, on en peut dire quelque chose.

Si le sujet comme nous l'avons vu est non-seulement la substance qui supporte les faits, mais souvent encore la cause qui les produit, est-ce qu'il

---

[1] Oportet quod ipsum ens comparetur ad essentiam quæ est aliud ab ipso sicut actus ad potentiam. (S. Th. *Somme théol.*, I*, 3, 4.)

[2] Formæ substantiales nullo experimento cognosci possunt. (Suarez. *Disp. met.*, disp. XV, sec. I.)

[3] *Nouv. essais*, l. III, ch. IX.

est possible de soutenir que c'est la propriété seule
c'est-à-dire une simple aptitude qui produit l'action?
Non, le bon sens proclame que le sujet, agissant
en vertu de sa propriété, y engage son individualité
même. C'est bien lui qui agit par elle [1] et Suarez en
voit un indice dans ce fait que l'emploi énergique
d'une de nos facultés suspend souvent l'usage de
plusieurs autres. Mais comment cela se concevrait-
il, si l'essence était un support quelconque placé
au hasard sous n'importe quelle propriété? Ne faut-il
pas qu'elle soit avec les propriétés dans un rapport
intime, de telle sorte que ce qui découle de celles-ci
découle par là même de celle-là ?

Aussi les anciens métaphysiciens, tout en distin-
guant l'essence des propriétés, ont-ils déclaré en
même temps qu'elle en est la source et la racine [2],
que les propriétés dérivent de l'essence et qu'elles
en sont les conséquences naturelles [3]. Ils don-
naient aussi quelquefois le nom d'essence à la

---

[1] Actionem per se esse a supposito. (Suar. *Disp. mét.*, disp. XVII, sec. II.) — V. aussi disp. XVIII, sec. v.

[2] Neque potest forma excludi a ratione principii cum sit fons totius esse omniumque proprietatum. (Suar. *Disp. mét.*, disp. XVIII, sec. II.)

[3] Quando accidens fit per naturalem dimanationem proxi-mum principium illius potest esse substantia. (*Id.*, sec. III.) — Intellectus proxime manat a substantia animæ. (S. Thom. *Somme théol.*, I*, 77, 6.)

collection des propriétés, comme le font les modernes, parce que ces propriétés sont en effet ce qui dans l'ordre de notre connaissance caractérise le plus directement l'essence réelle, sa valeur et son but. Mais ils avaient bien soin de constater que cette essence secondaire n'est qu'un moyen de définition et qu'elle n'est point le principe intime qui est le fond même du sujet [1].

Tels sont les principaux éléments que les métaphysiciens de l'école péripatéticienne, les seuls, à vrai dire, qui aient fait de la métaphysique une science régulière, ayant ses règles et ses traditions, sont parvenus à démêler dans la notion de sujet : un quelque chose inconnu appelé essence, l'être qu'il a reçu, les diverses propriétés dont il est le fondement. Il y avait entre eux de grandes discussions sur la manière dont il convient d'apprécier la valeur relative de ces distinctions ; nous ne nous en occuperons pas ici, parce qu'elles n'ont aucun intérêt pour notre but. Mais tous étaient d'accord sur la manière dont l'unité de l'individu est maintenue au milieu de cette diversité d'éléments.

---

[1] Essentiam rei esse id quod est primum et radicale ac intimum principium actionum ac proprietatum... secundo autem modo diximus essentiam rei esse quæ per definitionem explicatur. (Suar. *Disp. mét.*, disp. II, sec. IV.)

Chaque élément, disaient-ils, est à l'autre comme l'acte est à la puissance [1], chacun est à quelque degré la réalisation d'une donnée impliquée dans celui qui précède et trouve dans le suivant quelque détermination plus étroite et plus précise. Il en résulte donc un seul être dont toutes ces conditions concourent à déterminer la nature, à peu près comme les traits divers sculptés dans le marbre concourent à déterminer la forme d'une statue.

XII

DES ESSENCES IMMATÉRIELLES

Arrivé au terme de notre étude, ayant expliqué et analysé les notions fondamentales fournies par l'observation des êtres connus, nous pouvons maintenant résumer en quelques mots les conditions métaphysiques, les éléments essentiels de ces êtres.

Nous avons accepté sans discussion la formule présentée souvent au nom de la science que tout

---

[1] Comparantur ut actus et potentia ejusdem generis quæ per se et ex natura sua instituta sunt ad componendum unum. (Suar. *Disp. mét.*, disp. XXXI, sec. XIII.)

dans l'univers connu se réduit à deux termes : la force et la matière. Nous avons montré, contrairement aux prétentions de certaines écoles, que la force, telle que la manifestent les faits, n'est pas spécifiquement unique, mais qu'il y a plusieurs natures de forces irréductibles les unes aux autres. Nous avons fait voir que l'idée de matière, dans le sens où on l'entend aujourd'hui, comprend deux notions, celle d'étendue et celle de sujet ; que l'étendue n'est point la base de la force, et que le sujet, qui est cette base, se décompose en trois éléments, la propriété point de départ de la force et d'où le fait découle par l'intermédiaire de l'action, l'essence source inaccessible de la propriété et qui est proprement le sujet point d'appui de la force, enfin l'être dont l'essence est en possession.

Nous n'avons point traité spécialement d'une autre condition commune à tous les êtres connus, celle d'être passifs ; mais cette condition ressort naturellement de tout ce qui a été dit, des luttes des forces du monde dont la science n'est pour ainsi dire que l'histoire, des déterminations qu'elles s'imposent les unes aux autres, enfin du fait même de l'étendue, soit qu'on accepte la théorie si rationnelle de Boscowich qui la ramène à un balancement des forces élémentaires, soit que, en s'en tenant au simple fait, on considère qu'il n'y a d'étendue physique que celle qui résiste, et que la résistance implique la possibilité d'une attaque, par conséquent la passivité.

Pour résumer ces données dans une formule générale, comme on le fait quelquefois dans les questions mathématiques, nous dirons que tout être, parmi les êtres connus, se ramène à une essence inconnue actuellement existante, douée de passivité et de propriétés actives. L'expérience n'offre aucun être qui, d'une manière générale, ne rentre dans cette définition.

Nous pouvons maintenant tirer de notre analyse des conditions de l'être deux conséquences importantes.

La première est que la matière, si l'on entend par cette expression le sujet étendu de tous les êtres, n'est pas spécifiquement unique ; elle ne peut l'être que dans tous les individus doués de la même propriété fondamentale : car la matière, ainsi entendue, enferme l'essence ; or, nous avons vu que l'essence est la source première des propriétés et doit être en proportion avec elles. C'est à quoi il faut faire grande attention ; car s'il plaît à des savants d'appliquer à tous les sujets connus le terme de matière, sous prétexte qu'ils sont tous étendus, ce que nous accordons, il n'en faudrait pas conclure qu'ils soient tous d'une nature identique, que la vie par exemple ou le sentiment n'indique pas une essence supérieure à celle qui supporte les forces les plus élémentaires. Chaque essence a dans le monde un rôle qui lui est assigné, et son degré de perfection est mesuré sur ce rôle.

Les scolastiques exprimaient heureusement cette double condition de tous les êtres accessibles à l'expérience d'être tous également étendus et passifs et d'avoir cependant des essences inégales, en réservant le terme matière pour le côté passif du sujet et en désignant le côté actif par les mots de forme ou d'essence proprement dite.

La seconde conséquence est que toute essence quelle qu'elle soit est nécessairement active, mais qu'il pourrait y avoir des essences qui ne fussent ni passives ni étendues.

Rien n'autorise à penser que la passivité soit indispensable à l'être. Assurément presque toutes les forces que nous connaissons ont besoin de la passivité, soit que d'autres influences aident leur développement, soit qu'il faille un être passif pour subir leur propre influence. Mais qui pourrait soutenir que d'autres natures d'actions soient impossibles? Au contraire, si nous considérons la hiérarchie des forces, nous voyons que les plus élevées sont précisément celles qui se suffisent le plus à elles-mêmes, se terminent à un acte intérieur et ont pour but principal la perfection de leur propre sujet [1]. Telles sont les forces sensibles et surtout la force intellectuelle. Il y a donc une présomption que des forces plus élevées encore pourraient s'exercer en dehors de toute passivité.

L'étendue, alors même qu'elle ne se résoudrait pas en purs faits de passivité, serait-elle indispensable à l'être ? pas davantage. Nous ne pouvons imaginer aucun sujet qui ne soit étendu ; mais autre chose est d'imaginer, autre chose de concevoir. Or nous avons remarqué que l'étendue n'est point le sujet, mais seulement une des propriétés du sujet. Elle en est donc distincte, et le sujet peut se concevoir sans elle. Elle est loin d'ailleurs d'être indispensable à sa perfection. Au contraire les idées de passivité et de multiplicité qu'elle implique entraînent de soi une certaine infériorité. L'unité est une des propriétés de l'être les plus fondamentales [2]; l'indépendance est évidemment le signe

---

[1] Suar. *Disp. mét.*, disp. XXIII, sect. II.

[2] Manifestum est quod esse cujuslibet rei consistit in indivisione et inde est quod unumquodque sicut custodit suum esse, ita custodit suam unitatem. (S. Th. *Somme théol.*, I*, 2, 1.)

d'une nature plus élevée. Comment admettre que ce soient les sujets les plus rapprochés et de l'unité et de l'indépendance qui fussent précisément exclus de l'existence ?

Il en est tout autrement de la notion d'activité. Assurément elle est distincte de celle d'essence et par conséquent il est possible en rigueur de concevoir une essence sans la concevoir comme douée de propriétés actives. Mais, en fait, de quoi servirait une telle essence ? elle manquerait d'une condition fondamentale, une raison suffisante d'exister. L'esprit répugne à admettre un être inutile, qui n'agit point, qui ne tend à aucun but. Aussi Leibniz affirmait-il qu'il est essentiel aux substances d'agir [1] et que toute substance agit sans interruption [2]. Saint Thomas disait de même que l'action est le but de toute nature créée [3], et la même vérité était constatée en Orient par saint Jean Damascène [4]. On reconnaît la grande doctrine de l'activité universelle que le génie d'Aristote avait entrevue et dont il avait fait le fondement de sa philosophie.

---

[1] *Nouv. ess.*, l. III. ch. vi.

[2] *De la nature.*

[3] Operatio est finis rei creatæ. (S. Th. *Somme théol.*, I, 105, 4.)

[4] ἐνέργεια γάρ ἐστιν ἡ φυσικὴ ἑκάστης οὐσίας δύναμίς τε καὶ κίνησις. (V. Petau. *Dogm. theol.*, l. I, ch. xiii.)

L'action est le but suprême de l'être. L'important n'est point pour lui d'avoir tel ou tel caractère si élevé qu'il soit, mais de le posséder par son propre effort, de le saisir, de l'embrasser. Ce qu'il possède pour l'avoir seulement reçu ne compte ni pour sa dignité ni pour son bonheur. Il faut qu'il acquière par lui-même. C'est pourquoi Dieu n'a point doué d'abord ses créatures de toutes les perfections qu'il leur destinait, mais s'est contenté de créer des essences subsistantes, comme point de départ, appelées à se compléter ensuite par leur travail personnel ; et en les faisant participer ainsi à la dignité de cause, il leur a conféré le seul caractère pour lequel il vaille la peine d'exister.

Il résulte de ces considérations que, si l'on veut former une définition comprenant non-seulement les êtres connus, mais tous les êtres possibles, cette définition ne doit renfermer que les trois termes : essence, être, activité. Tout être est une essence subsistante douée d'activité : cette proposition renferme les seules conditions indispensables à un être. Par conséquent il peut y avoir des êtres, autres que ceux que nous connaissons, qui ne soient ni passifs, ni étendus, ni corporels.

De ces trois conditions, en est-il une qui soit antérieure aux autres ?

Nous voyons immédiatement que l'être est supposé par l'activité, car pour agir il faut être [1], il faut un point de départ d'où la force puisse prendre son élan ; c'est pourquoi on considère souvent l'activité comme un mode de l'être.

Mais nous voyons aussi que l'essence est différente de l'être, par conséquent qu'elle n'existe pas nécessairement. L'essence a donc passé à un moment donné de la simple possibilité à l'existence : or, qui dit passage, dit action. Qui a exercé cette action ? ce ne peut être l'essence elle-même puisqu'elle n'était pas encore [2]. Il a fallu quelqu'acte antérieur, au moins logiquement, qui la fît être. Ici l'activité nous apparaît comme antérieure à l'essence et à sa réalisation.

Voilà donc que l'acte suppose un être et que l'être à son tour suppose un acte et ainsi à l'infini, de sorte qu'aucune des deux notions ne peut ouvrir la série. Il y a là une antinomie, dernière et plus haute conséquence de l'étude du monde, dont nous verrons plus loin la solution.

[1] Unumquodque agit secundum quod est ens actu. (S. Th. Somme théol., III*, 77, 3.)
[2] Impossibile est quod aliquid sit causa efficiens sui ipsius. (S. Th. Somme théol., I*, 2, 3.)

XIII

DE LA VIE ET DE L'IMMORTALITÉ.

Mais il faut auparavant compléter la présente étude qui resterait sans valeur aux yeux de beaucoup d'esprits, s'ils ne pouvaient y rattacher une utilité pratique.

Nous ne pouvons nous dissimuler en effet que ces efforts pour pénétrer jusqu'au dernier fond de notre pensée qui constituent la métaphysique, ce travail pour démêler les derniers linéaments des notions que l'expérience suggère, déroute singulièrement une foule d'intelligences. Il importe donc de montrer combien il est indispensable, et comment il donne les moyens de résoudre plusieurs questions très-graves, au sujet desquelles la science expérimentale, la morale et la philosophie semblent irrémédiablement divisées.

Revenons d'abord ici sur une antinomie flagrante, signalée au commencement de cette partie de notre travail et qui embarrasse jusqu'aux savants eux-mêmes. Nous avons vu les motifs nombreux qui portent les biologistes à reconnaître dans l'être vivant l'existence d'un principe évolutif spécial. Mais nous avons vu aussi que beaucoup sont arrêtés par l'impossibilité d'expliquer plusieurs faits qui semblent indiquer que l'évolution résulte de propriétés résidant dans les derniers éléments de la matière organisée. On se trouve donc placé entre ces deux alternatives : ou de nier cette force directrice que semblent réclamer la plupart des faits, ou d'en rompre l'unité en la supposant répartie entre tous les éléments histologiques.

Pour les métaphysiciens cette question n'a rien d'imprévu. Ils savent que l'essence n'est ni l'étendue, ni les propriétés du sujet : ils conçoivent donc très-bien que les molécules qui composent le tout vivant, bien que distinctes par l'étendue et les autres propriétés qui appartiennent en propre à chacune, puissent être unifiées dans leur essence et servir ainsi toutes ensemble de base à une force unique [1].

On objecterait vainement ici la difficulté de concevoir comment plusieurs essences peuvent s'unir entre elles. Nous devons nous rappeler que la nature intime de l'essence est inconnue. Elle ne peut

---

[1] Formæ elementorum non manent in mixto formaliter sed virtute tantum, sed quoad formas accidentales formaliter. (Suar. *Disp. mét.*, disp. XV, sec. x.)

donc fournir sur ce point ni preuve ni objection. Mais l'utilité de la métaphysique a été précisément de démontrer, derrière les faits connus, l'existence de ce domaine inconnu, où nous pouvons renvoyer l'explication de faits contradictoires en apparence, restant libres ainsi d'accepter toutes les conclusions de l'expérience, sans être obligé de sacrifier celles de la raison.

Cette unification des essences n'est pas d'ailleurs une chose absolument incompréhensible. Elle doit être considérée comme le résultat suprême de l'acte de nutrition. Il faut comprendre que le corps organisé vivant ne se borne pas à mettre des molécules à la place où elles sont nécessaires, ce qui peut se faire par de simples actions chimiques ou mécaniques, mais qu'il exerce de plus sur elles une influence mystérieuse par laquelle il communique à chacune le degré supérieur que possède sa propre essence.

Si cette influence est insaisissable, son effet est certain; car il est indubitable que la vie s'étend de proche en proche à des substances qui en étaient dépourvues, et tant qu'on n'aura pu démontrer que la vie est un pur mécanisme, il faudra reconnaître dans cette extension la diffusion d'une propriété spéciale et d'une essence proportionnée.

Dès lors qu'y a-t-il d'étonnant à ce que des subsstances devenues identiques en nature n'en forment plus qu'une seule ? Qu'est-ce qui constitue en effet l'individu sinon une essence spécifique unique, désignée pour exercer une action une ? L'action étant en définitive comme nous l'avons vu le but dernier, la raison de l'être, il est naturel que l'essence en subisse la loi [1], et qu'elle devienne une là où il faut produire une manifestation commune, celle de l'évolution vivante.

L'unité de la propriété vitale trouve donc une base ; elle peut exercer dans toutes les parties du corps son action directrice [2], puisqu'avec l'essence à laquelle elle est attachée, elle est une sous les différentes étendues conservées des sujets élémentaires.

Mais ce qui a été unifié ne peut-il se diviser de nouveau ? Sans doute l'essence est devenue une d'une véritable unité, excluant des parties douées d'une existence distincte. Toutefois l'unité n'exclut qu'une division actuelle [3] et non toute division possible. Elle n'est donc pas un empêchement à

---

[1] Similiter unumquodque habet esse et operationem. (S. Th. *Somme théol.*, I*, 76, 3.)

[2] Adest anima suæ parti secundum totam suam substantiam. (S. Th. *De spir. creat.*, 11, 2.)

[3] Non indivisibilitatem sed indivisionem tantum esse de ratione unitatis. (Suar. *Disp. mét.*, disp. IV, sec. IX.)

une division ultérieure, si les actions multiples dont l'essence est devenue le support commun viennent à être définitivement isolées. L'essence se trouve donc une en acte et multiple en puissance, sans que nous puissions expliquer autrement cette multiplicité, ni faire autre chose que de montrer qu'elle n'est pas contradictoire [1].

La division étant accomplie, il n'est pas nécessaire que les divisions de l'essence perdent les propriétés qu'elles avaient en commun dans le corps vivant. Il est naturel au contraire qu'elles les conservent et que chaque cellule, chaque atôme de la matière vivante continue à jouir des aptitudes qu'il a acquises en s'organisant, et cherche à les exercer autant que les circonstances le permettent. C'est pourquoi la vie se multiplie tant par la vivisection que par la parturition, qui est aussi une vivisection naturelle. La propriété vitale ne disparaît que lorsqu'elle est devenue complétement inutile, lorsque la décomposition de la matière est telle que la quantité minimum sans laquelle la vie ne peut s'exercer a disparu [2].

[1] Suar., disp. XV, sec. x. — In animalibus quæ decisa vivunt est una anima actu et multæ in potentia. (S. Thom *De spir., creat.* 4, 19.)

[2] Partes... pertinere ad veritatem naturæ quantum ad id quod habent de specie quia sic manent. (S. Th. *Somme théol.*, III*, 80, 4.)

Toutes ces conséquences qui s'appliquent aussi bien à la sensibilité qu'à la vie ont été connues et admises par les scolastiques. Elles ne sont que l'application à l'essence des conditions que nous révèlent les faits. Cette application est légitime parce qu'il est tout naturel de juger de ce qui est inconnu, d'après ce qu'implique nécessairement ce qui est connu, à moins de tomber par là dans une contradiction intrinsèque. Mais les modernes n'ont pu suivre cette voie, parce qu'ils ont faussement placé l'essence dans certains faits accessibles qui ne se prêtaient plus à ces explications. Aussi, depuis Descartes, s'épuise-t-on à trouver une solution satisfaisante du problème de la vie, et toutes les tentatives tombent dans l'un ou l'autre excès, ou d'isoler la vie de la matière, ou d'en faire un simple mécanisme. Nous avons vu que les faits ne se prêtaient ni à l'une ni à l'autre de ces hypothèses. Que faire donc ? sinon retourner aux anciennes solutions qui se trouvent encore les plus rationnelles. Déjà plusieurs savants tournent les yeux de ce côté et dans un article remarquable publié par *le Correspondant*, M. le docteur Chauffard professe expressément que la cause et l'unité vivantes ne sauraient exister comme êtres à part, qu'elles sont nécessairement réalisées dans les actes qu'elles engendrent, que chaque élément soutient la même unité vivante [1]. Et Gavarret, tout en combattant le vitalisme dans toutes ses nuances, reconnaît que, s'il est une doctrine métaphysique qui puisse s'accorder avec les faits, c'est cette grande doctrine fondée par Aristote et qui a été enseignée dans toutes les écoles jusqu'à Descartes [2].

Envisageons maintenant une autre antinomie bien plus importante que celle qui concerne la vie, parce qu'elle est liée étroitement à de hautes questions de morale.

On a pu remarquer que jusqu'ici nous avons parlé de l'homme comme de tout autre être visible de la création. Nous l'avons même choisi naguère comme exemple d'un sujet un sous plusieurs facultés. Nous avons suivi en cela les tendances de la science contemporaine, qui n'admet pas volontiers pour l'homme une place à part. Mais on se demande, on s'est déjà demandé ce que devient dans cette manière de voir la distinction de l'âme, sa nature supérieure et son éternelle destinée.

Remarquons d'abord que nous n'avons rien cédé

---

[1] *Correspondant*, 25 mai 1874.
[2] Gavarret, *Phén. phys. de la vie*, IIIe sect.

à la science, que ne lui aient cédé d'avance, dans les siècles passés, les scolastiques, c'est-à-dire les docteurs les moins suspects de matérialisme. Tous ont enseigné que l'âme est la forme du corps, voulant dire par là qu'elle constitue avec lui une essence composée, mais cependant réellement et actuellement une. Le cardinal Cajetan va jusqu'à comparer la différence qui existe entre l'âme et le corps de l'homme actuellement unis à celle que l'on peut concevoir entre le corps et l'essence spéciale de tout autre objet, tel qu'un animal, une plante, une pierre même[1]. La doctrine scolastique a été admise par l'Église catholique qui s'en est servie pour formuler ses dogmes, ce qu'elle n'eût

---

[1] Mihi autem pro nunc videtur dicendum quod homo est compositus ex anima et corpore, non solum tanquam ex duabus rebus tertia res, sed tanquam ex duabus partibus secundum rem totum... significat autem corpus sic acceptum, compositum ex materia et perfectione corporea precise, anima vero perfectionem vitalem precise... et adverte quod corpus pars cum importat corporeitatem precise intra ipsum, est identitas perfectionis corporeæ ad animam... etenim accidit accidenti extraneo corpori precise quod ejus perfectio sit idem cum anima, per se enim præscindit animam. Et ideo per se loquendo subtiliter dictum est hominem componi realiter ex anima et corpore... Quod dicimus de corpore et anima respectu animalis, dicere poteris de animali et anima intellectiva respectu hominis, de corpore et forma lapidis respectu lapidis, et sic de aliis. (*Comment. de ente et essentia*, ch. III.)

certainement pas fait, si elle eût cru se fermer ainsi toute voie aux interprétations spiritualistes. Pourquoi la philosophie moderne s'est-elle montrée sur ce point moins accommodante pour la science que le catholicisme ? Ne serait-ce pas que, moins sûre d'elle-même et de son spiritualisme, elle a cru nécessaire de ne pas le laisser serrer de trop près ?

Quoi qu'il en soit, après ce que nous avons dit de la vie, la solution des questions relatives à l'âme est facile.

Nous avons remarqué en effet que l'essence a l'opération pour but et en suit les destinées. Qu'en résulte-t-il ? C'est qu'il suffit que l'homme possède une propriété qui puisse à la rigueur s'exercer sans le corps, pour que son essence survive en tant qu'elle est relative à cette propriété.

Or cette propriété, il est facile de l'indiquer : c'est l'intelligence.

Nous avons montré que l'homme a une faculté spéciale supérieure à la simple sensation, que l'acte propre de cette faculté est de percevoir l'être dans les objets connus, mais qu'elle a besoin d'être déterminée à un objet, ce qui a lieu dans l'homme par son union aux données sensibles. Son caractère propre, son mode essentiel d'action n'est pas de réagir contre un mouvement quelconque, mais d'être conforme à un objet réel [1], de le représenter [2].

Mais cette conformité de l'intellect à son objet ne peut-elle être obtenue que par l'action des sens ? Nous voyons au contraire que les sens n'établissent cette conformité que sur des objets secondaires, sur des faits passagers et superficiels. Peut-être même cette conformité n'existe-t-elle que de l'intellect à la sensation, en sorte qu'il n'ait point d'autre objet immédiat que la sensation même ? Ils est donc admissible et même probable qu'il y a d'autres intelligences plus puissantes, atteignant par des moyens plus efficaces à des régions plus profondes et connaissant des réalités plus intimes. En effet les scolastiques avaient admis qu'il y a des esprits dans lesquels Dieu produit directement par voie de création [3] les ressemblances des essences réalisées. Sans entrer dans l'examen d'une hypothèse invérifiable aux sciences naturelles et qui

[1] Per conformitatem intellectus et rei veritas definitur. (S. Th. *Somme théol.*, I", 16, 1.) Et ailleurs : Omnis cognitio perficitur secundum similitudinem quæ est inter cognoscens et cognitum. (S. Th. *C. gent.*, l. 2, 42.)

[2] Leibniz. *Monadologie.*

[3] Deus menti angelicæ impressit rerum similitudines quas in esse naturali produxit. (S. T. *Somme théol.*, I", 56.)

relève de la théologie, nous pouvons cependant constater qu'un tel système n'a rien de contradictoire et d'impossible. C'est le même en effet que Descartes avait tenté d'employer, dans sa théorie des idées innées, comme explication de l'intelligence humaine ; à la différence toutefois, qu'en considérant, pour ne pas heurter l'expérience, les idées innées comme des notions abstraites, il leur ôtait le caractère le plus important de toute connaissance, l'objectivité.

Il ne répugne donc point de concevoir une intelligence séparée des sens. Mais l'intelligence humaine pourrait-elle arriver à une semblable condition sans changer de nature ? Les scolastiques répondent que l'intelligence humaine elle-même est une puissance vague et générale de percevoir l'être, qui n'a besoin que d'être déterminée pour avoir son effet, et que, si elle vient à subsister à part, la connaissance d'elle-même [1], le souvenir de ce qu'elle a été, des êtres, des relations et des nombres qu'elle a connus [2], peuvent

---

[1] Est autem commune omni substantiæ separatæ quod intelligat id quod est supra se et id quod est infra se per modum substantiæ suæ. (S. Th. *Somme théol.*, I*, 89, 2.)

[2] Sequitur quod secundum species intelligibiles hic acquisitas anima separata intelligere potest quæ prius intellexit. (*Id.*, 89, 6.)

fournir des déterminations suffisantes pour qu'elle continue à s'exercer, bien que d'une manière très-restreinte et très-imparfaite.

J'avoue que cette connaissance vague, qui ressemble aux ombres de l'Élysée antique, constitue une immortalité peu séduisante. Mais les vieux scolastiques ne s'en inquiétaient pas. Il leur suffisait que l'immortalité fût possible, parce que, ne considérant point la mort comme un état normal, ils laissaient au Dieu qui a infligé la mort, le soin de suppléer par une action surnaturelle aux obscurités et aux monotonies d'une pareille existence.

D'autres plus récents ont admis la possibilité naturelle d'une immortalité plus complète, mais non sans donner quelques atteintes à la doctrine d'Aristote qu'ils suivaient d'ailleurs.

Quant à nous, nous nous contentons volontiers de la première solution, parce qu'elle est à la rigueur suffisante, et parce que, l'enseignement péripatéticien s'accordant facilement avec les faits connus par l'expérience, il ne paraît pas raisonnable de le rejeter, pour chercher des commodités plus grandes à l'explication d'un état de choses en dehors de toute expérience et dont la vraie nature restera par conséquent toujours un mystère.

Ainsi l'intelligence humaine peut se passer des

sens pour s'exercer, sinon pour se développer dans toute sa valeur, et puisque nous avons vu ailleurs que l'essence peut subsister sans l'étendue, rien n'empêche que, l'homme étant mort, son être intellectuel ne subsiste. Il doit même en être ainsi, car nous ne voyons pas que rien périsse dans le monde[1] : le moindre atôme de poussière se retrouve toujours quand on sait le rechercher; la vie et la sensibilité ne disparaissent d'un être que pour se retrouver dans un autre. Et la personnalité humaine périrait ! l'être qui est plus particulièrement créé pour lui-même[2] ne durerait qu'un instant ! Ce serait la négation de toute raison dans le monde ; ce serait l'absurde morale aussi inadmissible que l'absurde métaphysique.

Mais à quelle conception de la nature humaine conduisent ces conclusions ? Elles font penser que, si l'être simplement vivant et sensible possède une essence unique formée des essences de diverses substances unifiées, dans l'homme il y a une essence, Leibniz dirait une monade de plus, qui entre dans le composé. Cette essence spécialement humaine a une perfection particulière, qui est de

---

[1] Didici quod omnia opera quæ fecit Deus perseverant in æternum.'(*Ecclésiaste.*)

[2] Kleutgen. *Phil. scol. exp.*, t. I, p. 222.

se posséder, d'exister pour soi dans une certaine limite[1], perfection tellement différente de toutes celles que manifestent les corps, qu'on ne saurait admettre qu'aucun corps pût l'acquérir sans que son être fût par là même totalement changé[2]. Dieu seul peut produire un changement aussi essentiel, et c'est pourquoi l'âme doit être créée par lui chaque fois que surgit un homme[3]. Ceci n'est pas un miracle, car on n'appelle ainsi que les faits suspendant l'ordre naturel ; c'est simplement l'action de la cause première se développant là où elle est nécessaire suivant le plan de la création[4].

Cette essence a l'intelligence; mais elle n'a pas les qualités passives de la matière, étrangères à sa perfection supérieure. Celles ci toutefois étant indispensables à la mise en valeur de ses propriétés, elle se les procure par son unification avec le sujet vivant et sensible : c'est un élément de plus qui

---

[1] Kleutgen, t. IV, p. 128

[2] Manifestum est quod principium intellectivum in homine est principium transcendens materiam. (S. Th. *Somme théol.*, I*, 118, 2.)

[3] Dicendum est quod anima intellectiva creatur a Deo in fine generationis humanæ (S Th *Somme théol.*, I*, 118, 2.)

[4] Hæc forma quamvis a solo Deo fieri possit, tamen Deus in ea actione operatur juxta modum et ordinem naturis rerum debitum. (Suarez. *Disp. met.*, disp. XV, sec. II.)

s'ajoute au composé, qui devient un avec lui par son essence afin qu'ils puissent exercer en commun leurs facultés. Quand la dissolution arrive, quand les propriétés intermédiaires qui n'existent que par l'unité du composé ont disparu, alors chaque sujet élémentaire reprend ce qui lui appartient. Les atômes rejoignent la poussière d'où ils avaient été tirés, et la monade intelligente continue à exercer, comme elle peut, dans les conditions nouvelles qui lui sont faites, la faculté qui lui appartient en propre.

XIV

CONCLUSION.

On voit que la métaphysique est vraiment utile, sinon à faire bien comprendre de quelle manière sont résolues en fait les antinomies que les diverses branches des connaissances humaines laissent après elles, du moins à montrer que ces antinomies sont résolubles, n'impliquent aucune contradiction et ne nous donnent par conséquent aucun droit de nier l'un ou l'autre des ordres de vérité qu'elles opposent. Montrant le premier fond d'où tout part et où tout trouve sa raison d'être, la métaphysique est par là même le conciliateur naturel entre nos diverses connaissances, qui se combattraient dans des contradictions insolubles, s'il ne fallait faire attention qu'aux apparences extérieures que fournit l'observation.

Pourquoi donc tant de savants ont-ils horreur de la métaphysique ? C'est qu'ils ne la connaissent pas et ne se doutent pas des services qu'elle peut rendre. L'étude de la métaphysique proprement dite est aujourd'hui absolument bannie de l'éducation ; les écoles philosophiques les plus réputées ne font de la métaphysique que par intervalles et pour les besoins du moment. Les savants ne connaissent donc sous ce nom que quelques théories assez vagues, quelquefois très-contestables, sur Dieu et sur l'âme humaine, qui se présentent à eux comme un obstacle, parce que rien n'a été fait pour les présenter par le côté où tout se concilie.

Ils essaient alors, comme nous l'avons remarqué, de faire une métaphysique à leur usage, et n'ayant aucune préparation à cette étude, ils tombent ordinairement à faux et ne savent s'en tirer qu'en touchant à l'ordre moral.

Ceci n'arriverait pas s'ils trouvaient dans le

monde une métaphysique toute faite acceptant les faits qu'ils regardent comme évidents, et se chargeant de les accorder avec les connaissances d'un autre ordre. Nous avons voulu montrer que cette métaphysique existe, qu'il suffit de la débarrasser de la rouille du passé, de détails peut-être trop prolixes, et enfin d'erreurs de physique et de physiologie inévitables pour nos ancêtres.

Nous pourrions considérer notre tâche comme achevée ici; mais nous ne répondrions ni à l'attente du lecteur, ni à la tendance de l'esprit humain qui est d'aller toujours au plus loin, si nous n'indiquions en terminant la solution du problème le plus élevé proposé par la métaphysique, quand elle constate la nécessité d'une action qui donne l'être aux substances de l'univers, problème qui nous montre derrière l'inconnu de l'essence, une autre chose plus grande et plus inconnue, naturellement du moins, dont on peut cependant dire encore quelques mots et que toutes les nations appellent Dieu.

TROISIÈME PARTIE

DE DIEU

Autrefois il n'existait pas une science distincte de Dieu ; les philosophes anciens qui ont reconnu une cause suprême n'en ont parlé qu'à propos de l'ensemble des êtres dont elle est l'explication. Les scolastiques ont fait de même, quand ils ont voulu discuter sur Dieu, en restant en dehors du domaine de la révélation. La science de Dieu, en tant qu'elle ne comprend que des données naturelles, se trouvait être ainsi, comme nous l'avons dit ailleurs, une partie, un complément de la métaphysique. Mais la métaphysique ayant été très-négligée dans les temps modernes, réduite le plus souvent à une sorte d'idéologie et dépouillée dans l'opinion de toute valeur objective, n'a pu servir plus longtemps de point d'appui à l'étude d'un être réel et concret. Il s'est donc constitué une science distincte du premier être que l'on a appelée théodicée, d'un mot emprunté à Leibniz.

La théodicée est une des quatre sciences comprises aujourd'hui par l'enseignement universitaire dans cet ensemble de recherches que l'on désigne sous le nom collectif de philosophie, quelquefois même de métaphysique par une extension abusive de ce mot que les anciens n'ont jamais appliqué à la logique, à la morale, ni même à la psychologie. C'est à la théodicée sans doute que M. Littré faisait surtout allusion quand il reprochait à la métaphysique de vouloir saisir l'inconnu et atteindre l'inaccessible. Nous croyons avoir montré que la vraie métaphysique, la science créée sous ce nom par Aristote, n'a nullement cette ambition, et que si dans son objet propre, l'être réel que nous percevons, il se trouve un premier fond inconnu, elle le sait et en tient compte. Mais en ce qui concerne la théodicée, il faut bien avouer que le reproche est fondé, car Dieu en lui-même est inconnu.

Constatons ici toutefois que les positivistes ne nous ont nullement appris que Dieu est un être inaccessible à l'intelligence humaine. Cette conviction est aussi ancienne que la connaissance même de Dieu. La Bible la suppose partout. Quand Moïse demandait à Dieu la faveur de le voir : nul, lui fut-il répondu, ne peut me voir et vivre [1]. Platon de son côté déclarait très-difficile de découvrir ce que peut être l'auteur de l'univers, et plus difficile encore de l'exprimer [2].

L'incompréhensibilité divine est une des doctrines sur lesquelles les Pères de l'Église ont le plus insisté. Saint Denys l'Aréopagite, dans son profond ouvrage *Des Noms divins,* ne fait que proclamer qu'aucun nom ne marque directement et adéquatement la nature divine, que Dieu en lui-même est inexprimable et qu'on ne peut parler de lui que d'après les biens qu'il communique [3]. Saint Clément d'Alexandrie déclare Dieu inaccessible à la raison [4]. Saint Basile dit de même qu'il est incompréhensible [5], et saint Grégoire de Nazianze formule la doctrine traditionnelle dans de beaux vers dont le

---

[1] *Exode.*
[2] *Timée.* In principio.
[3] *De Nomin. divin.*, l. 1.
[4] *Stromates*, l. II, § 2.
[5] *Hexaméron*, l. I, § 8.

sens est que tout ce qu'on connaît a été fait par un être incognoscible [1].

L'idée que la nature divine est inconnue fait le fond de l'enseignement scolastique. Tout nom que l'on donne à Dieu, dit saint Thomas, est dépassé par l'objet auquel on l'applique et peut servir à l'indiquer, mais non à le faire comprendre [2].

Non-seulement Dieu n'est pas connu en lui-même, mais il ne faudrait pas croire qu'il puisse être exactement connu par un rapport de ressemblance avec quelque créature. On peut bien dire que les créatures lui ressemblent parce qu'elles tiennent quelque chose de lui, mais on ne saurait dire qu'il leur ressemble, parce que nous ignorons absolument de quelle manière il possède en lui-même les perfections qu'il leur a données [3].

Qu'ont dit de plus fort MM. Littré, Huxley et autres?

Cette doctrine des théologiens et des Pères n'est

---

[1] Πῶς νόος ἀθρήσει σέ, σὺ γὰρ νόῳ οὐδενί ληπτός.
Μοῦνος ἔων ἄχραστος, ἐπεί τέκες ὅστα λαλεῖται.
Μοῦνος ἔων ἄγνωστος, ἐπεί τέκες ὅσσα νοεῖται. (V. Petau, l. I, ch. v.)

[2] Relinquit rem significatam ut incomprehensam et excedentem nominis significationem. (Somme thé l., I*, 13, 5.)

[3] Forma effectus in causa excedente invenitur quidem aliqualiter sed secundum alium modum et aliam rationem... non igitur Deus creaturæ assimilatur sed e converso. (S. Th. C. gent., I, 29.)

pas seulement un hommage à la vérité, un aveu des limites de notre intelligence ; elle est fondamentale, elle seule fournit le moyen de préserver la science de Dieu de l'anthropomorphisme qui tendrait à faire de l'Être suprême une intelligence semblable à la nôtre, moins nos défauts.

Singulière situation d'une science dont le principal point d'appui est l'incompréhensibilité même de son objet.

Mais cette incompréhensibilité, si elle peut faire douter de l'opportunité de reconnaître une science spéciale et naturelle de Dieu, en tant que toute science doit avoir un objet distinct et observable, ne saurait empêcher que la notion de Dieu ne puisse être étudiée comme corollaire et complément des autres sciences. Toutes en effet mènent à Dieu, parce que toutes les créatures mènent à leur cause première. Inconnu en lui-même, il peut donc être caractérisé par ses rapports nécessaires avec ses effets connus. Puisque toutes les créatures supposent une première cause, Dieu existe et possède ce qu'il faut pour les former; mais en même temps il diffère essentiellement d'avec elles, précisément parce que, s'il leur ressemblait, il supposerait comme elles une autre cause [1].

[1] Cognoscimus de ipso habitudinem ipsius ad creaturas,

Par là nous savons clairement de Dieu qu'il est et qu'il est un [1], car la cause première doit être telle. Quant au reste, nous savons seulement qu'il a ce qu'il a donné aux créatures, mais d'une tout autre manière. Que faire donc pour caractériser l'essence divine ? Affirmer de Dieu les perfections que nous trouvons dans les créatures parce qu'il en est la source, mais en même temps les nier de lui, parce que ce qu'elles sont dans les créatures ne peut donner aucune idée de ce qu'elles sont en lui [2]. Il arrive quelquefois, en mathématiques, que sans pouvoir déterminer une quantité on démontre qu'elle ne peut être inférieure ni supérieure à un certain nombre. Par là on n'a point une connaissance exacte de cette quantité, mais on peut cependant assigner son rôle. Ainsi faisons-nous pour la nature divine. Nous marquons pour ainsi dire certaines limites dans lesquelles elle est comprise et nous pouvons avoir par là quelque idée

quod scilicet omnium est causa, et differentiam creaturarum ab ipso, quod scilicet ipse non est aliquid eorum quæ ab eo causantur. (S. Th. *Somme théol.*, I*, 12, 12.)

[1] Hoc verum solum est quod de illo comprehendi liquido a nobis potest unum esse Deum (Petau *Dogm. théol.*, liv. I, ch. A)

[2] Oportet in ipsa omnes omnium rerum affirmationes asseverare ac ponere, tanquam omnium causa et easdem magis proprie negare, tanquam quæ supra omnia sit. (*Id.*)

de ses rapports avec nous. C'est cette connaissance par approximation que saint Paul appelait admirablement une connaissance énigmatique [1].

Ce que l'on peut connaître ainsi de Dieu est déterminé depuis longtemps et la théodicée peut être considérée comme une science faite. Il n'y a rien à modifier aux déductions des anciens docteurs rigoureuses comme un chapitre de mathématiques. Nous n'aurons donc guère qu'à résumer ce qui a été dit sur ce sujet, en y ajoutant quelques considérations de nature à faire ressortir plus particulièrement les conséquences que l'on peut tirer de l'application à Dieu des notions spéciales fournies par la métaphysique.

I

EXISTENCE DE DIEU.

Dieu existe : c'est une vérité généralement admise, mais qui n'est point immédiatement connue et qui a besoin d'être démontrée.

On peut nier Dieu. Sans doute pour risquer cette

---

[1] Per speculum et in ænigmate. (Ire *Corinth.*, 13, 12.)

négation dans toute sa brutalité, il faut beaucoup d'ignorance, d'entêtement, ou d'irréflexion. Pour rejeter une conclusion appuyée sur des preuves si fortes, il faut ou l'entraînement des passions, ou un singulier égarement de l'orgueil, ou cette préoccupation trop fréquente chez les savants de vouloir juger de tout par les méthodes qui leur ont réussi pour déchiffrer un coin du monde. Mais enfin celui qui nie Dieu, nous l'avons reconnu dans la première partie, ne peut être d'abord accusé de mauvaise foi. Il ne ment pas nécessairement à sa propre pensée [1]. Il est coupable seulement en refusant d'examiner sérieusement les arguments qui ont convaincu le genre humain.

On reconnaît généralement deux preuves de l'existence de Dieu. La preuve *à priori,* ou par l'idée même de Dieu, et la preuve *à posteriori,* ou par la nécessité d'une cause suprême. La première preuve est préférée par beaucoup de spiritualistes contemporains : Dieu prouvé par son idée, dit M. Caro, c'est l'argument métaphysique par excellence [2]. Mais il faut avouer que cet argument, fort

---

[1] Cogitari potest oppositum ejus quod est Deum esse, secundum illud psalmi, 52, v. 1 : Dixit insipiens in corde suo non est Deus. Ergo Deum esse non est per se notum. (S. Th. *Somme théol.*, I*, 2, 1.)

[2] *Rev. litt.*, n° 6, 1870.

simple en apparence et très-facile à exposer, n'a pas pour lui l'unanimité, même parmi les docteurs spiritualistes. Un grand nombre et des meilleurs contestent, ainsi que nous l'avons noté en traitant de nos connaissances fondamentales, que nous ayons de Dieu ou de l'infini une idée positive et directe. Très-conséquents avec la doctrine que Dieu est incognoscible à l'homme par les voies naturelles, ils ne reconnaissent d'autre idée de Dieu que celle qui est formée comme nous le disions tout à l'heure par l'affirmation et la négation combinées des perfections des êtres créés. Nous allons voir dans les développements subséquents que ces affirmations et négations conduisent bien en effet à la notion que nous appelons proprement l'absolu ou le parfait.

Si nous n'avons point de Dieu une idée particulière et indépendante de toute autre par son mode d'acquisition, que devient la preuve appuyée sur cette idée? Je trouve donc assez pratique l'opinion émise autrefois par le docteur Clarke. « Je ne déciderai pas si c'est à juste titre qu'on infère de ce que Dieu a toutes les perfections son existence actuelle, ou si cet argument est un sophisme, mais je dis qu'il paraît par les disputes éternelles des savants qui n'ont pu encore s'entendre ni s'accorder là-dessus, que ce n'est pas un argument clair et démonstratif propre à convaincre un athée et à le réduire au silence [1]. »

Il vaut donc mieux, sans tenter pour arriver à une vérité éternelle des voies nouvelles que la masse du genre humain n'a pas connues, se renfermer dans la preuve traditionnelle, la preuve *à posteriori*, dont l'homme se sert depuis qu'il connaît Dieu et qui n'a jamais pu être logiquement contestée.

Cette preuve elle-même peut revêtir cent formes diverses; une foule de docteurs et de philosophes l'ont traitée à des points de vue différents, car si elle est en soi toujours la même, on peut en varier les prémisses autant qu'il y a de faits dans l'univers.

Il nous paraît inutile de reproduire des démonstrations exposées dans tant d'ouvrages avec une étendue que nous ne pourrions leur donner ici et un talent auquel nous ne pourrions atteindre. Nous avons d'ailleurs indiqué la base métaphysique de cette preuve quand nous avons montré que l'existence est distincte de l'essence, et par suite que le passage de l'essence à l'état d'existence a nécessité l'intervention d'une action antérieure.

---

[1] Lettres à Leibniz.

Au reste, on nie assez rarement aujourd'hui d'une manière formelle qu'il faille une cause de l'univers. Les adversaires, je dirais presque les ennemis de Dieu, se divisent en deux classes : 1° les positivistes qui ne contestent rien, mais prétendent qu'on ne peut rien savoir de certain sur la cause première ; ces hommes ne méritent pas une réponse, puisqu'ils refusent d'examiner nos raisons ou se déclarent incapables de les comprendre ; 2° les panthéistes dont l'opinion a des apparences assez spécieuses pour appeler une réfutation de quelque étendue.

Les panthéistes matérialistes ou autres admettent qu'il faut à l'univers un principe fondamental, mais ils font de ce principe, sous les noms de matière, de nature, de substance, etc., non-seulement la cause, mais le sujet même de toutes les actions de l'univers.

Vous avez montré, nous disent-ils, que derrière les phénomènes se cache une inconnue que vous avez nommée l'essence. Nous ne contestons pas cette conclusion. Oui, il y a un premier fond inconnu d'où partent les manifestations dont nous sommes témoins. Mais pourquoi derrière cet inconnu en placer un autre ? pourquoi établir une distinction entre inconnu et inconnu ? Vous dites que cette essence, sujet des manifestations, n'a point en soi sa raison d'être ; qu'en savez-vous ? Vous le pensez, parce que vous supposez sous chaque groupe de manifestations un sujet spécial ; ces sujets divers passent et se succèdent, et vous apparaissent évidemment comme distincts de l'existence qu'ils obtiennent tour à tour. Mais si ces sujets n'étaient eux-mêmes que des apparences secondaires, si, puisque vous convenez que l'essence est inconnue, il n'y avait en réalité qu'un seul sujet dans une seule essence ; alors rien ne pourrait nous empêcher de supposer qu'elle eût en elle sa raison d'être et nous serions dispensés de recourir d'un inconnu à un autre.

Parmi les raisons qui se pressent en foule contre une assertion aussi étrange, j'en invoquerai trois principales.

Avant tout elle est tout à fait contraire au sens commun, et, si beaucoup de personnes l'acceptent plus ou moins explicitement, c'est qu'elles ne l'envisagent pas de près. Le sens commun admet des sujets divers complétement indépendants l'un de l'autre dans leur existence et il a de bonnes raisons pour cela. Comme nous l'avons dit, la manifestation n'est pas distincte du sujet substantiellement, mais seulement dans son mode et dans son allure ;

c'est le sujet qui se compromet lui-même dans l'action et qui lui communique son être substantiel [1], car l'action n'a point de substance en soi ni par soi [2]. Comment croire que des phénomènes tout à fait indépendants puissent vivre tous du même être dans un même sujet ? Si quelquefois nous nous trompons sur le lien qui existe entre certaines actions, y a-t-il une raison suffisante de penser que cette erreur soit invincible et universelle et que le monde ait été fait pour nous apparaître tout autre qu'il n'est en réalité ?

Comment admettre que cette foule d'individualités conscientes que l'expérience nous révèle d'une manière incontestable appartiennent à un même sujet ? Quoi ! le même sujet serait conscient de plusieurs consciences qui s'ignoreraient absolument l'une l'autre : il serait à la fois conscient et inconscient des mêmes actes. Le sentiment que j'ai de produire dans un même être certaines manifestations diverses et d'être absolument étranger à d'autres manifestations serait une pure illusion. Pour admettre une idée grosse de conséquences aussi inacceptables, il faut évidemment que ceux

---

[1] Liberat. *Du composé humain*, p. 293.
[2] Kleut. *Phil. scolas.*, t. IV, p. 521.

qui la professent s'en dissimulent la portée. Ils se figurent un sujet prochain dans un sujet plus éloigné, car ils ne peuvent évidemment soutenir qu'entre les manifestations qui constituent un même individu, un homme, il n'y a pas une cause d'unité spéciale et intérieure. Mais alors que font-ils ? sinon de placer comme nous un inconnu derrière l'autre avec la seule différence qu'ils donnent le même nom à deux inconnus dont le rôle est évidemment distinct, puisque l'un d'eux seulement est la source immédiate de l'action.

En second lieu, il ne peut être contesté que les manifestations des êtres connus ne soient distinctes de leur essence. Nous en avons donné des preuves irréfragables. Mais si ces manifestations, si l'activité dont elles sont les fruits est, comme nous l'avons remarqué, le but de l'être, n'en résulte-t-il pas que tout individu dans lequel l'action est distincte de son essence, a par le fait même sa raison d'être en dehors de cette essence. Il n'a donc pas l'être en lui-même et par lui-même, mais il l'a reçu du dehors en même temps que l'activité pour laquelle il l'a reçu. Il a fallu, d'ailleurs, une action qui attachât à l'essence cette puissance d'opération qui ne lui est pas identique, car, dit saint Thomas d'Aquin, quand plusieurs choses sont diverses, elles ne peuvent être réunies en une seule que par une cause qui les enchaîne [1]. Ainsi, soit que nous envisagions l'union des phénomènes et de l'essence, soit que nous envisagions leur distinction, nous arrivons à la nécessité d'un être antérieur à tous les êtres connus, d'un être qui existe par lui-même et qui ait son acte en lui-même, d'un être en un mot qui réponde à l'antinomie par laquelle se concluait notre essai métaphysique, et qui, n'étant ni être ni acte, tels que nous connaissons ces choses sur la terre, puisse commencer la série en remplissant les fonctions de l'un et de l'autre à la fois, et en comprenant les raisons essentielles de l'un et de l'autre dans son indivisible unité.

Tout ceci paraîtra encore plus manifeste quand nous aurons montré ce que doit être cet être premier, et comment il est impossible qu'il soit lui-même le sujet des actions diverses et opposées qui remplissent la scène du monde : ce sera notre troisième preuve.

Mais quel nom donner à cet être, qui convienne à une nature tellement en dehors de tout ce que nous pouvons connaître ou concevoir ?

---

[1] Quæ enim secundum se diversa sunt, non conveniunt in aliquod unum nisi per aliquam causam adunantem ipsa. (S. Th. *Somme théol.*, 1ᵃ, 3, 7.)

Avec le langage vulgaire, nous l'avons appelé Dieu. Mais depuis longtemps le mot Dieu, quel qu'en fût le sens primitif, n'a plus d'autre valeur que de rappeler une individualité particulière. On a donc cherché des expressions indiquant plus expressément l'essence de la nature divine. Les écoles qui se rattachent à Platon ont généralement préféré le mot être : l'être premier, pur, absolu, etc.; et en effet, comme le mot être, au sens dérivé d'essence ou de substance, exprime le fond de toutes choses, ce vocable était particulièrement propre à représenter celui qui soutient tout et qui se soutient par lui-même. Saint Bonaventure tire toutes les perfections divines de la considération de l'être parfaitement pur [1], et nous avons vu Mgr Hugonin considérer l'être simplement conçu comme excluant, par la plénitude de son être, tout commencement et toute fin dans son existence.

Nous savons aussi que cette manière d'employer le mot être plaisait peu aux scolastiques, et que saint Thomas d'Aquin préférait appeler Dieu *qui est*, celui qui est, comme l'être qui a sa raison d'existence en lui-même ; en ce sens, disait-il, *qui est* est bien le nom propre de Dieu [2]. Il suivait en

---

[1] *Itinerarium mentis ad Deum*, ch. v.
[2] Cum esse Dei sit ipsa ejus essentia, manifestum est quod

cela l'autorité de la Bible, où le Seigneur lui-même, parlant à Moïse, a dit : *Je suis celui qui est*, parce qu'il ne pouvait indiquer d'une manière plus saisissante et plus populaire la supériorité et l'indépendance de sa nature.

Mais l'idée d'être a l'inconvénient de ne pas exprimer assez directement la fécondité et la vie propre de la nature divine. C'est pourquoi le panthéisme en a facilement abusé. Aussi les écoles qui relèvent d'Aristote ont-elles employé souvent la notion plus expressive d'acte. Le Maître lui-même a appelé le premier être une pensée qui se pense [1], le désignant ainsi par l'acte le plus excellent que nous connaissions. Plotin, qui tient d'Aristote au moins autant que de Platon, a remarqué que l'acte est plus parfait que l'être et doit être placé au commencement de toutes choses [2]. Enfin l'école scolastique définissait Dieu un acte pur [3].

En réalité ni l'idée d'acte, ni celle d'être, n'ex-

inter alia nominat hoc maxime nominat Deum. (*Somme théol.*, I*, 14, 11.)

[1] *Métaph.*, liv. XII, § 9.
[2] Εἰ δὲ ὑπόστασιν ἄνευ ἐνεργείας τις θεῖτο, ἐλλιπὴς ἡ ἀρχὴ καὶ ἀτελὴς ἡ τελειοτάτη πασῶν ἔσται, καὶ εἰ προσθείη ἐνέργειαν, οὐκ ἓν τηρεῖ. Εἰ οὖν τελειότερον ἡ ἐνέργεια τῆς οὐσίας, τελειότατον δὲ τὸ πρότερον, πρῶτον ἂν ἐνεργείᾳ εἴη. (V. Petau, l. V, ch. xi.)
[3] Primum igitur agens quod est Deus, nullam potentiam habet ad mixtam sed est actus purus. (S. Th. *C. gent.*, I*, 16).

prime suffisamment la nature transcendante de Dieu, et, comme nous le disions tout à l'heure, il faut pour commencer la série quelque chose qui ne soit ni l'être ni l'acte que nous connaissons et qui s'opposent entre eux, quelque chose qui les contenant tous deux éminemment puisse être la source de l'un et de l'autre. Saint Denys, qui l'avait compris, remarquait que l'être a plus d'étendue que la vie, mais que la vie est plus parfaite que l'être, et il sortait comme nous de cette difficulté en disant que Dieu est au-dessus de tout être et de toute vie [1]. Il a la stabilité qu'indique l'être, mais il n'en a pas la stérilité ; il a la fécondité de la vie, mais il n'en a pas le changement et la mobilité. Si vous pouvez comprendre l'unité féconde sans sortir d'elle-même, voilà Dieu.

II

UNITÉ DE DIEU.

Dieu est l'identité innée, disait saint Clément d'Alexandrie [2], et nous compléterons sa pensée en

---

[1] *De Nominibus divinis*, ch. v.
[2] In identitate ingenita qui es ipse solus. (*Stromates*, l. VII.)

ajoutant : l'identité vivante. Qu'est-ce à dire ? Ces affirmations nous présentent-elles une notion quelconque? est-ce que la vie n'implique pas la variété? comment peut-elle donc se trouver dans l'identité? Je ne puis le savoir directement, car je ne connais que les vies qui passent. Mais je me comprends très-bien quand je dis qu'il faut une cause première et je puis dès lors me demander légitimement :

Que doit être un être qui est le premier de tous ?

Que doit être un être qui est la cause de tous ?

Que doit être un être qui est le premier de tous? Il doit être parfaitement un. S'il y avait la moindre complexité dans sa substance, si quelqu'élément pouvait s'y concevoir, même théoriquement, existant sans l'autre, il ne serait pas le premier être. Tout composé a une cause, dit saint Thomas d'Aquin[1] ; le premier être serait donc la cause unissant ces éléments.

Ainsi Dieu ne peut être conçu à la manière des créatures comme un possible réalisable. Qui en effet lui aurait donné la réalisation? Il ne peut exister qu'autant que son essence se tient par elle-même, qu'elle est par elle-même son être et tout

---

[1] Omne compositum causam habet. (*Somme théol.*, I°, 3, 7.)

ce qu'elle renferme [1]. En lui il n'y a ni accident, ni substance, mais seulement la réalité fondamentale [2]. Oh ! que Dieu est profondément inconnu; puisqu'aucune essence concrète ne se manifeste à nous dans ces conditions, puisque notre esprit est même incapable de se les représenter. Il sait seulement qu'une telle essence doit être; mais accablé par son impuissance à concevoir une notion qui y réponde, il est obligé, pour se faire une idée de la nature divine, de la considérer sous plusieurs points de vue divers, quand elle ne comprend en vérité qu'une nature une et supérieure à tout [3].

De cette simplicité absolue, il résulte évidemment qu'il n'y a qu'un Dieu ; car s'il existe par sa propre essence, par quelle raison les autres existeraient-ils ? Une même vertu ne saurait être identique à la fois à plusieurs choses qui ne le seraient pas entre elles [4].

[1] Deus est quidquid ipse habet. (S. Th. *C. gent*, 1, 23.)
[2] Esse non est accidens in Deo sed subsistens veritas. (S. Th. *Somme théol.*, I^a, 3, 4.)
[3] De rebus simplicibus loqui non possumus, nisi per modum compositorum a quibus cognitionem accipimus. (S. Th. *Somme théol.*, I^a, 2, 3.)
[4] Impossibile est igitur esse plura quorum utrumque sit necesse esse.(*C. gent.*, 1, 42.)

III

PERFECTIONS DIVINES.

Que doit être la cause de toutes choses ? elle doit être nécessairement infinie : rien n'existant en effet dont elle ne soit la source, il est impossible de concevoir une perfection réalisable qui ne se trouve en elle de quelque manière [1].

Ne confondez pas ici l'infini avec l'indéfini. L'indéfini est le vague, l'indéterminé. L'infini est au contraire parfaitement défini : c'est l'être qui comprend toutes les perfections. Nous ignorons il est vrai comment Dieu comprend toutes les perfections, car puisque Dieu est un, il faut qu'il soit une perfection unique absorbant toutes les autres. Cette perfection, si nous la connaissions serait l'idée propre de Dieu ; mais nous ne la connaissons pas, nous sommes seulement obligés de conclure qu'elle existe, parce que sans elle rien n'aurait pu commencer.

---

[1] Cum Deus sit prima causa effectiva rerum, oportet omnium rerum perfectiones præexistere in Deo. (S. Th. *Somme théol.*, I*, 4, 2.)

La perfection divine doit être considérée comme inépuisable. Si une qu'elle soit, du moment qu'elle se communique, on peut concevoir des degrés de communication en nombre indéterminé [1]. Mais nous ne connaissons qu'un très-petit nombre de ces degrés, parce que nous n'avons sous les yeux qu'un nombre relativement petit d'exemplaires. Quelques-uns de ces exemplaires ont une telle infériorité qu'on ne peut en supposer le type en Dieu que de la manière la plus générale. Tels sont l'étendue, le mouvement, la vie matérielle, la sensation. Toutes ces choses impliquent trop essentiellement la passivité et la multiplicité pour convenir de quelque manière que ce soit à un être parfaitement un et indépendant. On ne peut donc attribuer à Dieu, en rapport avec ces propriétés, que le seul fond de réalité qu'elles comprennent, c'est-à-dire la puissance d'agir, et spécialement d'agir au dehors.

L'intelligence donne mieux l'idée d'une perfection [2]. L'être privé de cette faculté étant évidemment moins parfait que celui qui l'a reçue, on ne peut nier que l'être parfait par essence n'ait

---

[1] Ab infinitis et infinitis modis participari possibile est. (S. Th. *C. gent.*, 1, 43.)

[2] Inter perfectiones rerum potissimum est quod aliquid sit intellectivum. (S. Th. *C. gent.*, liv. I.)

quelque perfection équivalente à celle que l'intelligence suppose. Il faut donc dire que Dieu connaît, bien que nous ne sachions absolument pas comment procède en lui la connaissance. C'est pour mieux marquer notre ignorance à cet égard que certains Pères allaient jusqu'à lui refuser la pensée, entendant par là la pensée limitée et successive qui est le partage de l'âme humaine[1] ; et saint Denys l'Aréopagite appelait Dieu la surintelligence [2], pour bien faire entendre qu'il n'est pas intelligent à notre manière, mais dans un mode suréminent dont nous n'avons aucune idée.

Ce que nous disons de l'intelligence doit se dire de la volonté qui en est le complément obligé. L'être parfait ne peut pas ne pas avoir quelque chose équivalent à la libre spontanéité que dénote la volonté. Ainsi agir, connaître, vouloir, ces trois choses doivent se trouver en Dieu, en ce sens qu'il serait moins parfait s'il ne les avait pas, mais elles ne doivent s'y trouver qu'éminemment, c'est-à-dire sans les limites et les distinctions qui sont en nous, fondues dans une seule et même perfection.

---

[1] ὁ Θεὸς οὔτε νοῶν λέγεται κυρίως οὔτε νοούμενος, ἵνα μὴ σύνθετος λογισθείη. (*Maxime de Tyr*, cité par le P. Petau, l. V, ch. xi.)

[2] *De Nominibus divinis.*

Dieu est donc vivant, car savoir, vouloir et pouvoir, n'est-ce pas vivre?

Mais puisque Dieu est parfaitement un, sa vie n'est pas distincte de son essence. Cette essence est identique à la fois à son être et à sa vie. Par conséquent la vie en lui est identique à l'être, l'essence est identique à l'acte, ce qui prouve surabondamment ce que nous disions plus haut qu'il n'a point l'être et l'acte comme nous les concevons ici-bas, car ces deux notions s'opposent, mais qu'il a quelque chose de supérieur, absolument inconnu à l'esprit humain, qui les dépasse et les comprend toutes deux.

Et encore puisque son acte est identique à son être, il est comme lui unique c'est-à-dire immuable[1]. Dieu n'a et ne peut produire qu'un seul acte immanent d'où dérive tout ce qui doit dériver de lui. Par conséquent il est éternel, il est au-dessus du temps, car le temps est la mesure des choses qui se succèdent et il n'y a pas de succession où il n'y a pas de changement. L'éternité répond par un seul moment stable à tous les moments successifs de la créature.

Ainsi l'être premier ne peut avoir qu'un seul

---

[1] Tu autem idem ipse es. (Ps. 108.)

acte éternel, c'est la troisième raison que nous avions annoncée, pour laquelle il est absolument impossible qu'il soit le sujet des actes nombreux et successifs que nous connaissons. Spinosa, partant d'une définition trop absolue de la substance [1], avait pensé qu'il n'y a qu'une substance unique dont toutes les créatures sont des modes. Il aurait dû aller plus loin et soutenir qu'il n'y a qu'un mode, qu'un acte et qu'une manifestation. Pour échapper à cette conséquence, il fallait qu'il admît que l'être premier n'a la vie qu'en puissance. Mais alors le premier être aurait eu en lui quelque chose d'actuel et quelque chose qui ne l'était pas. Il aurait été divisé, multiple, composé, supposant donc un être antérieur. Voyez combien il est impossible d'échapper à la logique qui marque à l'origine des choses un être tout simple, tout un et tout acte.

Ces conclusions sont étranges, direz-vous. Oui ; mais elles ne sont pas contradictoires, et en pareille matière, c'est tout ce que nous pouvons demander. Nous mesurons l'angle d'incidence de rayons divers qui nous arrivent du fond de l'infini ; nous

[1] Per substantiam intelligo quod in se est et per se concipitur, hoc est cujus conceptus non indiget conceptus alterius a quo formari debeat. (*Eth.*, liv. I.)

assignons leur point de jonction ; mais ce point il n'est pas donné à nos yeux de l'apercevoir.

Si Dieu a en quelque manière l'intelligence, la volonté et la vie, nous pouvons bien lui appliquer aussi les perfections qui dénotent le meilleur emploi de ces puissances [1]. Il serait absurde qu'il ne leur donnât pas leur direction naturelle et la plus appropriée. Cela peut arriver dans la créature où ces qualités sont limitées et gênées de tous les côtés ; cela ne peut arriver en Dieu. Nous disons donc avec certitude qu'il est bon, qu'il est juste, qu'il est saint, qu'il est sage. Mais nous ignorons absolument comment doivent s'appliquer dans les faits cette sagesse, cette justice et cette bonté. Nous savons que ces expressions désignent certains rapports des actions avec les choses, et que dans l'être parfait et absolu ces rapports ne peuvent être qu'exacts. Mais pour indiquer ce qu'ils doivent être entre Dieu et ses créatures, il faudrait que nous connussions à la fois la nature des deux termes. Nous devons donc nous borner à nous confier à la bonté de Dieu et à respecter sa justice sans chercher à les apprécier d'après nos règles humaines,

---

[1] Quæcumque nomina absolute perfectionem absque defectu nominant de Deo prædicantur. (S. Th. *C. gent.*, 1, 30.)

car ses voies ne sont point nos voies et ses pensées ne sont point nos pensées[1].

IV

VIE INTIME DE DIEU.

Il nous vient ici un désir, téméraire peut-être, mais que d'autres ont éprouvé avant nous, celui de pénétrer un peu plus avant dans la vie divine, et de considérer ce qu'elle peut être pour impliquer à la fois l'unité qui résulte de son identité à l'être et la fécondité sans laquelle on pourrait croire que l'idée même de la vie disparaît.

Il semble qu'il y ait une certaine multiplicité essentielle à la vie, celle du sujet, de l'opération et du terme. Dans la créature ces choses sont distinctes, non pas substantiellement toujours, mais au moins formellement. Si on les identifie tout à fait, ne fait-on pas disparaître en même temps jusqu'à la dernière trace de l'idée de vie et de la fé-

---

[1] Non enim viæ meæ viæ vestræ et cogitationes meæ cogitationes vestræ, dicit Dominus. (*Isaïe.*)

condité qu'elle implique, qui est certainement une perfection ? Si la vie peut être immuable, si elle peut se passer du mouvement et du changement, peut-elle se passer de toute diversité ? L'unité absolue ne serait-elle pas, en fin de compte, cette unité morte et abstraite, dont les métaphysiciens d'Alexandrie ont par trop abusé ?

Mais comment concilier l'unité avec la variété ? Il nous semble possible que ces deux notions ne s'appliquent point en Dieu de la même manière. Ainsi quand nous parlons d'essence et de substance nous ne parlons que d'unité. Nous confessons qu'il n'y a qu'un acte simple, et que cet acte n'est autre que l'être même et l'essence. Mais toutes ces identités étant admises et proclamées, ne reste-t-il pas encore quelque chose ou la variété puisse trouver place ? Vous avez ôté de l'action les différences substantielles, formelles et même virtuelles. Il n'y a rien qui passe d'un être à un autre, d'un état à un autre, d'une perfection à une autre. Il reste cependant une chose, ce sont les relations [1]. Le même être peut être distinct, suivant les relations où on le considère, selon qu'il est point de départ

---

[1] Substracto autem motu ab actione et passione nil remanet nisi relatio (S. Th. *Somme théol.*, I*, 45, 1.)

ou point d'arrivée, possesseur ou possédé, connaissant ou connu. Cette diversité est réelle, si l'acte est réel encore que les deux termes soient d'ailleurs identiques. Nous n'aurions qu'une seule pensée, la pensée de nous-mêmes, qu'il n'y aurait pas moins une différence à faire entre l'intellect qui pense, le penser dans lequel il se déploie et la pensée qu'il formule[1].

On est donc conduit naturellement à juger que les relations qui caractérisent la vie en nous subsistent également en Dieu. Il faudrait se représenter l'essence divine comme possédant, pour ainsi dire, trois attitudes, dans chacune desquelles elle est à chaque instant tout entière. Tout entière sujet, elle se pose en elle-même et ce premier moment peut être considéré comme analogue à l'être qui constitue les créatures dans leur unité actuelle et individuelle ; tout entière opération, elle se reproduit et ce second moment peut être comparé à l'intelligence ; tout entière enfin terme et but, elle se possède, troisième moment qui rappelle notre

---

[1] Relationes quæ consequuntur operationem intellectus quæ sunt inter verbum intellectualiter procedens et illud a quo procedit, non sunt relationes rationis tantum sed rei, quia et ipse intellectus et ratio est quædam res et comparatur realiter ad id quod procedit intellectualiter. (S. Th. *Somme théol.*, I^a, 28, 1.)

volonté. Cette interprétation ferait saisir en quelque façon comment l'être, l'intelligence et le vouloir sont en définitive un seul et même acte en Dieu, et elle nous mènerait sur le seuil du mystère de la Trinité [1].

C'est sans doute après avoir médité ces choses, que Richard de Saint-Victor avançait qu'il est possible de démontrer le mystère de la Trinité [2]. Mais nous devons avouer, avec saint Thomas d'Aquin, que ces considérations étant fondées sur la manière dont nous concevons l'acte dans les créatures, nous ne pouvons être absolument certains par la raison naturelle que cette conception se vérifie en Dieu [3]. Ainsi le mystère reste mystère, bien que la raison en puisse pressentir quelque chose et trouver dans ses propres données des probabilités analogues. Revenons donc au seul point de vue qui convienne à la faiblesse de notre intelligence, Dieu considéré comme cause et comme principe universel.

[1] Sola relatio multiplicat trinitatem. (S. Th. *Somme théol.*, I*, 10, 2.)

[2] Credo sine dubio quod ad quamcumque explanationem veritatis non modo probabiliora argumenta, imo etiam necessaria non desint. (*De Trinit.*, l. I.)

[3] Similitudo intellectus nostri non sufficienter probat aliquid de Deo, propter hoc quod intellectus non univoce invenitur in Deo et in nobis. (*Somme théol.*, I*, 32, 1.)

V

CRÉATION.

Nous avons dit en dernier lieu que la cause première ne pouvait avoir qu'un seul acte, et ne pouvait être le sujet que d'une seule manifestation. Mais ne sommes-nous point tombé dans une contradiction? Nous avions été conduit à l'Être suprême par la nécessité d'expliquer l'origine des créatures; si cet être ne peut avoir qu'un acte, acte nécessairement intime, comment serait-il cause au dehors?

Cette difficulté disparaît quand on considère qu'il n'y a rien d'impossible à ce qu'un seul acte ait à la fois deux effets, l'un immanent qui est le complément essentiel de l'acte. et l'autre extérieur qui en est seulement une conséquence Ainsi la matière a une propriété par laquelle elle occupe un lieu ; mais la même propriété a encore un autre effet, celui d'exclure les corps étrangers du même lieu. De même l'âme humaine ne se borne pas à avoir une pensée, elle formule une parole pour exprimer cette pensée au dehors. De même, pourrait-on dire, Dieu se pense et cette pensée est son acte, son essence et son verbe ; mais en même temps qu'il se pense, il s'exprime, et c'est la créature. L'acte créateur n'est donc pas autre que l'acte intime qui produit la vie divine : seulement il est considéré par rapport à un effet extérieur [1]. Il est exact de dire en ce sens que la procession des personnes est la cause de la création [2] et que les créatures n'existent que par le verbe divin [3].

L'acte intime de Dieu étant à la fois être et action comme nous l'avons montré, il est nécessaire qu'il communique également à ses effets extérieurs l'être et l'activité dont il est plein. Je dirai même que son action est toute substantielle et qu'il ne peut produire que des effets subsistants. Tout ce qu'il fait, il le crée, et lui seul peut créer parce qu'en lui seul être et agir sont une même chose [4].

---

[1] In Deo salvatur ratio potentiæ quantum ad id quod est principium effectus, non autem quantum ad hoc quod est principium actionis quæ est divina essentia. (S. Th. *Somme théol.*, I*, 25, 1.)

[2] Processiones divinarum personarum sunt causa creationis. (*Id.*, I*, 45, 6.)

[3] Omnia per ipsum facta sunt et sine ipso factum est nihil. (S. Jean, ch. I, v. 3.)

[4] Quia solus est suum esse. (S. Th. *Somme théol.*, I*, 45, 5.)

Par conséquent tout ce qu'il fait qui n'est pas lui existe hors de lui, et par là même est distinct de lui. Profond mystère qu'il faut bien accepter, puisqu'on ne peut dévier à droite ou à gauche sans tomber dans des contradictions.

Dieu était-il obligé de créer ? Qui donc aurait pu l'y contraindre ? Sa nature est complète en elle-même et le terme intérieur suffit à l'évolution de son acte. Pourquoi aurait-il été obligé d'en manifester quelque chose au dehors ? Ce qui démontre avec quelle liberté il a agi, c'est la contingence et la variété de ses actes. Tout effet naturel et nécessaire est unique, parce qu'une seule nature ne peut être déterminée par elle-même en plusieurs sens à la fois [1]. Mais les créatures sont multiples, successives, et le nombre des créatures possibles est indéfini ; il a donc fallu que Dieu donnât l'être à certains possibles et non à d'autres, ce qui implique le choix et exclut toute nécessité naturelle. C'est une autre preuve de la liberté divine ajoutée à celle que l'on peut tirer de la nécessité logique

[1] Omnis agentis per necessitatem naturæ virtus determinatur ad unum effectum. Quicumque autem eorum quæ facere potest quædam facit et quædam non facit, agit per electionem voluntatis et non per necessitatem naturæ. (S. Th. C. gent., 2, 23.)

qui nous oblige à mettre en Dieu toutes les perfections.

Dieu a donc toute la liberté ; il l'a plus parfaite, plus puissante et plus libre que nous. Ceci étonnera peut-être certaines personnes qui ne voient guère dans la liberté que la faculté de choisir entre le bien et le mal. Dieu ne peut accepter le mal, il semble donc que sa liberté ait un champ moins vaste que celle de l'homme. Mais on reconnaît bien vite qu'il en est autrement, quand on étudie avec soin la vraie nature de la liberté.

Saint Thomas remarque très-justement que la liberté est essentiellement portée vers le bien. La volonté, dit-il, a un but naturel qui la met en mouvement et qui s'impose à elle [1]. Ce but est le bien, et jamais, quels que soient ses égarements, elle ne cherche autre chose que le bien. Mais comme elle se trouve en face d'une foule de biens particuliers, il faut choisir ; elle consulte donc l'intelligence, elle lui demande des motifs de préférence [2]. Car se déterminer sans motifs serait non-seulement déraisonnable mais impossible. L'intelligence con-

---

[1] Ultimus finis nullo modo sub electione cadit. (S. Th. *Somme théol.*, I* II*, 13, 3.)

[2] Voluntas in suum objectum tendit secundum ordinem rationis. (*Id.*, 13, 1.)

sultée répond et sa réponse détermine la volonté.

Dans cette suite d'opérations comment le mal peut-il se glisser? De deux manières seulement : ou bien l'intelligence se trompe, ou bien la volonté, faiblement attachée au but, s'en laisse détourner ou choisit trop précipitamment. Dans le premier cas, c'est un malheur ; dans le second, c'est une faute, si le but est obligatoire. Est-ce que de telles infirmités peuvent trouver place dans la nature divine? Évidemment non. Ce n'est pas une perfection de vouloir le bien et de trouver le mal; la vraie perfection est de connaître et de vouloir ce qui répond le mieux au but naturel de la volonté.

Il s'ensuivra, dit-on, que le meilleur motif aura une prépondérance inévitable. Mais qui nous assure qu'il y ait en toutes choses un motif décidément meilleur? Ne peut-il y avoir souvent plusieurs moyens d'atteindre au but proposé [1]? N'y en eût-il qu'un seul, il n'imposerait pas nécessité, car le motif n'agit pas sur la volonté, il l'éclaire seulement. C'est la volonté qui se sert de lui, qui, attirée par la

---

[1] Non omne quod est ad finem tale est quod sine eo finis haberi non possit, aut si tale est, non semper sub tali ratione consideratur. (S. Th. *Somme théol.*, 1ª IIᵉ, 13, 6.)

fin, a consulté l'intelligence, l'a portée à délibérer, a appliqué sa décision, parce que cette décision répondait à son but. Tout le mouvement est venu d'elle. Je veux suivre un chemin dans la nuit, je prends une lanterne et je m'en sers pour éclairer mon chemin, est-ce que je suis contraint par ma lanterne ?

Dieu peut donc tout à la fois ne vouloir que le bien et être libre. Il n'en est même que plus libre si on entend bien les choses, puisqu'il ne peut être déçu, comme la créature qui a commis le mal, par le résultat dernier de son action. Mais il y a à l'exercice de la liberté divine une autre difficulté, c'est que l'on ne voit pas très-bien quelle est la fin, le but qui la provoquerait à agir. Dieu n'est pas comme les créatures qui ont leur fin hors d'elles-mêmes et sont contraintes de la rechercher par des moyens également hors d'elles-mêmes. Dieu est à lui-même sa fin, et cette fin est complétement atteinte par son existence propre. En dehors de lui, rien ne peut lui être avantageux ou utile, et c'est précisément cette indépendance qui le fait Dieu[1]. Comment donc a-t-il été déterminé à produire des biens extérieurs ?

---

[1] Deus meus es tu quoniam bonorum meorum non eges (Ps. XV, v. 2.)

Saint Thomas dit que Dieu se veut seul comme fin, mais qu'en voulant sa bonté qui est le bien suprême, il veut les autres êtres en tant qu'il convient à sa bonté de les faire participer à sa perfection [1]. Il remarque que tout être veut non-seulement posséder le bien, mais encore le communiquer [2].

Je ne voudrais pas contester cette explication dans sa généralité; mais il me semble qu'elle pose les termes du problème plutôt qu'elle ne le résout. Il reste toujours à indiquer comment la bonté divine peut rechercher un complément qui ne lui est pas nécessaire, comment le besoin d'épanchement de la nature divine n'est pas satisfait pleinement par son éternelle fécondité.

Eu égard à l'homme, le problème est encore compliqué de l'existence du mal. On dit bien que la vie, avec le mal qu'elle comporte, est préférable au néant : mais ceci n'est vrai que dans une certaine mesure. Il y a tels êtres, et les théologiens citeraient les damnés, plus malheureux certainement que

---

[1] Se ut finem, alia vero ut ad finem in quantum condecet divinam bonitatem etiam alia ipsam participare. (S. Th. *Somme théol.*, 1ª, 19, 2.)

[2] Pertinet ad rationem voluntatis quod bonum quod quis habet aliis communicet. (*Id.*)

s'ils n'existaient pas. On dit encore que le mal a été mérité. Mais Dieu, qui peut tout, ne pouvait-il conduire ses créatures de manière à ce qu'elles ne déméritassent pas? Si nous avons mérité le mal, cela prouve seulement que Dieu a été juste en nous l'infligeant; mais cela ne montre pas que son intention dernière ait été de nous communiquer son bonheur et sa perfection.

La solution de cette difficulté est peut-être dans l'abandon de la tendance assez naturelle à l'homme de tout rapporter à lui-même : « c'est une ancienne maxime assez décriée, dit Leibniz, que tout est fait uniquement pour l'homme [1]. » Si l'homme est le but de la création, il est assez peu concevable qu'il y trouve tant d'occasions de souffrance et de perte; mais cela se conçoit très-bien si le but véritable est au-dessus de lui.

L'Église catholique enseigne, on le sait, qu'en Jésus-Christ la nature divine et la nature humaine sont unies en une seule personne. Quelques auteurs ont pensé que cette personne était le but dernier de la création. Ceci n'est qu'une hypothèse, mais cette hypothèse répond à toutes les difficultés. En voulant la personne divine de Jésus-Christ, c'est

---

[1] *Théodicée*, part ?, n° 118.

lui-même en un certain sens que Dieu aurait voulu. Non content de la production éternelle et nécessaire du Verbe qui est son image consubstantielle, il se serait plu encore à le produire, à l'exprimer, autant que faire se pouvait, d'une manière libre et temporelle. Dieu, il a voulu créer en quelque façon un Dieu, recevoir les adorations d'un Dieu, obtenir l'obéissance d'un Dieu. Ce principe admis, tout en sort facilement, car cette personne à la fois divine et créée a pu trouver quelque avantage à être entourée de société, d'honneurs et de gloire. Elle a pu vouloir des êtres bons pour montrer en eux les richesses de son amour, des êtres faibles pour montrer sa miséricorde, des êtres pervers pour montrer sa justice. L'homme et toutes les créatures sont subordonnés à elle. Chaque être intelligent prend place auprès d'elle, selon son propre choix, du côté de la bonté ou du côté de la colère. Le mal qui frappe le coupable n'est mal que par rapport à lui et non par rapport au plan général; et le monde, conformément à la pensée de Leibniz, est le meilleur possible, car il ne se peut concevoir rien de meilleur que la personne auguste de Jésus-Christ.

C'est, direz-vous, résoudre une difficulté par un mystère. Nous en tombons d'accord. Mais il nous a paru opportun de montrer en terminant comment la doctrine révélée peut quelquefois servir à expliquer des antinomies que la raison est contrainte de se poser sans pouvoir les résoudre.

VI

CONCLUSION.

Nous avons passé en revue les principales conclusions que l'on peut former sur Dieu. Ces conclusions ont été maintes fois contrôlées et examinées par une foule de docteurs dont la science et le génie ne sauraient faire doute.

Osera-t-on dire que ce sont des choses inaccessibles à l'intelligence humaine? Mais ces raisonnements des Pères ont été faits par des hommes; ils sont très-accessibles. Que ne les prenez-vous corps à corps? que n'en montrez-vous le point faible? Quand vous les aurez détruits, vous aurez peut-être quelque sujet de soutenir qu'on ne peut rien savoir de certain sur Dieu.

Jusque-là nous pourrons dire que l'on connaît au moins les principaux rapports du connu à l'inconnu, ceux sans lesquels le connu ne pourrait subsister. Ces rapports sont d'une haute importance, car ils nous indiquent suffisamment notre situation vis-à-vis de notre auteur.

Que le but où tendent nos déductions reste obscur en lui-même, cela n'est pas une raison de nier leur légitimité. Le calcul mathématique ne mène-t-il pas journellement à des conséquences inexplicables, que l'on admet cependant quand les preuves sont bien déduites ?

Si vous voulez plus de lumières, si le raisonnement seul vous paraît froid, et vous semble manquer de cette sécurité absolue que donne aux sciences naturelles le contrôle de l'expérience, vous trouveriez, en le cherchant, un mode de contrôle expérimental. Vous trouveriez un ordre de faits où Dieu s'est rendu sensible par une expérience directe et positive, et qui confirme et complète les données que la raison a pu entrevoir. Mais l'examen de cet ordre de faits sort de l'objet présent de notre travail, et nous ne pouvons qu'inviter ceux qui souhaiteraient des satisfactions plus complètes, à l'étudier dans les documents historiques où il est exposé.

FIN.

TABLE DES MATIÈRES.

	Pages.
Préface	i
Introduction. Définition de la métaphysique	1

PREMIÈRE PARTIE.

DE L'ORIGINE DES NOTIONS FONDAMENTALES.

Préambule. Antériorité de la pensée concrète	9
§ I. Objets de la connaissance concrète	12
§ II. La connaissance de Dieu n'est pas évidemment immédiate	13
§ III. Nous connaissons notre âme par ses actes et non par son essence	16
§ IV. Éléments divers de la perception sensible	25
§ V. Origine et nature de la sensation	26
§ VI. La perception enferme un jugement	39
§ VII. Origine concrète des idées d'être, de cause, de substance et de fin	51
§ VIII. Pourquoi et comment les vérités fondamentales sont universelles et nécessaires	65
§ IX. Conclusion	75

DEUXIÈME PARTIE.

DES CONDITIONS MÉTAPHYSIQUES DE L'ÊTRE.

Préambule. La métaphysique est inévitable	77
§ I. Définition du mot force	82
§ II. Multiplicité nécessaire des forces	93
§ III. Des principes fondamentaux du mouvement	96

	Pages.
§ IV. Du principe des différentes natures de corps..	111
§ V. En quoi le principe de la vie est spécial.......	122
§ VI. Spécialité du principe de la sensation.........	150
§ VII. Spécialité du principe de l'intelligence ; distinction entre l'homme et les animaux......	162
§ VIII. Subordination des forces naturelles ; sagesse et prévoyance du Créateur...............	179
§ IX. Acception actuelle du mot matière..........	184
§ X. Théorie de l'étendue; système de Boscowich....	187
§ XI. Distinction du sujet et de l'acte ; de l'essence et de la propriété; de l'essence et de l'être..	199
§ XII. Possibilité d'essences immatérielles ; l'existence donnée à l'essence suppose quelque chose d'antérieur	219
§ XIII. Utilité des distinctions précédentes pour faire concevoir le principe de la vie et l'immortalité de l'âme..........................	227
§ XIV. Conclusion...................	241

TROISIÈME PARTIE.

DE DIEU.

PRÉAMBULE. Dieu en lui-même est incognoscible	245
§ I. Dieu existe ; il ne peut être le sujet ou la substance de l'univers........................	251
§ II. Dieu est un et unique......................	262
§ III. Dieu est infini et vivant	265
§ IV. Comment l'acte et l'être en Dieu peuvent être une même chose........................	271
§ V. Dieu a créé librement ; vraie notion de la liberté ; Jésus-Christ, fin de la création.......	275
§ VI. Conclusion........................,........	284

FIN DE LA TABLE.

Abbeville. — Imprimerie Briez, C. Paillart et Retaux.

PUBLICATIONS DE LA LIBRAIRIE ACADÉMIQUE

DIDIER et Cie

BOUILLIER (FRANCISQUE).

Le principe vital et l'ame pensante. 2ᵉ édit revue et augmentée. 1 fort volume . . . . 4 fr. »

LE P. DIDON.

L'homme d'après la science et la foi, conférences. 1 vol. 3 fr. »

LE P. LESCOEUR.

La science du bonheur. 1 vol . . . . 3 fr. 50

FRANCK (AD.).

Moralistes et philosophes. 2ᵉ édit. 1 fort vol. . . . 4 fr. »
Philosophie et religion. 2ᵉ édition. 1 vol. . . . . 3 fr. 50

MAX MULLER.

Essais sur la mythologie comparée, etc. 2ᵉ édit. 1 vol. 4 fr. »
Essais sur l'histoire des religions, etc. 2ᵉ édit. 1 vol. 4 fr. »

CHAIGNET.

La philosophie de la science du langage étudiée dans la formation des mots. 1 vol. . . . . 3 fr. 50
La vie et les écrits de Platon. 1 fort vol . . . . 4 fr. »
La Vie de Socrate. 1 vol. . . . . 3 fr. »
Pythagore et la philosophie pythagoricienne. (*Ouvrage couronné par l'Institut.*) 2ᵉ édit. 2 vol. . . . . 7 fr. »

MARTIN (TH.-HENRY).

Les Sciences et la Philosophie. Critique philosophique et religieuse. 1 fort vol. . . . . 4 fr. »
Galilée. Les droits de la science, etc. 1 vol. . . . 3 fr. 50
La Foudre, l'Électricité et le Magnétisme chez les anciens. 1 vol. . . . . 3 fr. 50

DELAUNAY (FERD.).

Moines et sibylles dans l'antiquité judéo-grecque. 2ᵉ édition. 1 vol. . . . . 3 fr. 50
Philon d'Alexandrie. *Ecrits historiques*. Trad. et précédés d'une introduction. 2ᵉ édition. 1 vol. . . . . . . 3 fr 50

CHASSANG.

Le spiritualisme et l'idéal dans l'art de la poésie des Grecs. 2ᵉ édit. 1 vol. . . . . 3 fr. 50
Apollonius de Tyane. Sa vie, ses voyages, ses prodiges, par Philostrate et ses lettres. trad du grec, avec notes, etc. 2ᵉ édit. 1 vol. . . . . 3 fr. 50
Histoire du Roman dans l'antiquité grecque et latine. (*Ouvrage couronné par l'Académie des inscriptions.*) Nouvelle édition. 1 vol. . . . . 3 fr. 50

DESJARDINS (ALBERT).

Les moralistes français au XVIIᵉ siècle. (*Ouvrage couronné par l'Institut.*) 2ᵉ édition. 1 fort volume . . . . . 4 fr. »

Abbeville. — Imprimerie Briez, C. Paillart et Retaux.

www.ingramcontent.com/pod-product-compliance
Lightning Source LLC
Chambersburg PA
CBHW071140160426
43196CB00011B/1952